棒球教学系列丛书

棒球投手进阶技术教程

〔日〕藤田康夫　著
〔日〕清水隆一　审定
中国棒球协会　编译

人民体育出版社

版权声明

书名：野球ステップアップシリーズ　ピッチング編

作者：藤田康夫

YAKYU STEP-UP SERIES PITCHING HEN by Yasuo Fujita

Copyright © Yasuo Fujita, 2011

All rights reserved.

Original Japanese edition published by BASEBALL MAGAZINE-SHA Co., Ltd, Tokyo.

This Simplified Chinese edition is published by arrangement with BASEBALL MAGAZINE-SHA Co., Ltd, Tokyo.

Chinese (Simplified Character only) translation rights © 2023 People's Sports Publishing House.

北京市版权局著作权合同登记号　图字：01-2024-5019 号

图书在版编目（CIP）数据

棒球投手进阶技术教程 /（日）藤田康夫著；中国棒球协会编译. -- 北京：人民体育出版社，2024.（棒球教学系列丛书）. -- ISBN 978-7-5009-6558-9

Ⅰ. G848.1

中国国家版本馆 CIP 数据核字第 2024T83L34 号

著　　〔日〕藤田康夫
编　译　中国棒球协会
责任编辑　李凡

人民体育出版社发行
地址：北京市东城区体育馆路 8 号　邮编：100061
电话：67151482（发行部）　67118491（邮购部）　67151483（传真）
网址：www.psphpress.com
新华书店经销
天津中印联印务有限公司印刷
2024 年 12 月第 1 版
2024 年 12 月第 1 次印刷
开本：880×1230　1/32　印张：5
字数：174 千字　　印数：1—3,000 册
标准书号：ISBN 978-7-5009-6558-9
定价：40.00 元

丛书编译委员会

主任：陈　旭
委员：许　勇　岛林学步　伞　硕

本书编译组

（按姓氏笔画排序）

连　冠　陆　昀　胡　凯　梁　培

棒球进阶系列
主编的话

让我们把棒球比作一棵大树吧。如果说"树干"是基础,那么"枝叶"就是应用(个性)。没有挺拔的树干,枝叶就无法茂密地生长。换句话说,正因为拥有了基础,个性才会蓬勃发展。

当回顾自己的棒球生涯时,我意识到球员有很多不同的类型,有教练说什么就做什么的球员,也有通过自己的方式成为自己的理想型的球员。

我从3岁玩投接球起,开启了我的棒球之路,直到30岁退役为止,我一直在自己摸索,努力提高自己的技术技能。在这个过程中,我遇到了很多不同的教练,每次都有不同的教学方法和内容,这使我十分烦恼。于是我产生这样的疑问:不会根本没有所谓的棒球的基础吧?

如果去查一下字典,"基础"这个词的定义是"是世间万物所基于的根本"(《广辞苑》第5版)。"基础"原本的意思是每个人都了解、能够有共识的东西,对照前述的大树的比喻,就是"树干"的部分。然后,从"树干"开始,描绘自己的理想图,并经过反复试错的部分,对应的就是"枝叶"的部分。

世界上出版了很多有关棒球的指导书籍,但事实上,这些书籍都倾向于关注"枝叶"的部分,也就是说这些书籍没有让人们产生基础层面的共识。后果就是,教学者和学习者都不知道应该根据什么基础来进行训练。

于是我意识到,如果因此感到迷茫的话是不是就迷失了自我?所以我在2000年6月出版了《棒球基础的"基"》(日本棒球杂志社出版)一书,里面介绍了大家都有共识的基础知识。之后,在2011年

1月，为了能够更加容易地掌握所谓的"基础"，我又出版了《决定版棒球基础的"基"》（日本棒球杂志社出版）一书，书中增加了更多训练的方法。

这次的"棒球进阶"系列丛书旨在从基础（树干）长出"五根结实的树枝"。这"五根结实的树枝"包括投手篇、击球篇、防守篇（Ⅰ、Ⅱ）、跑垒篇、战术篇。将使"枝叶"茂盛的重点凝缩在了6册技术指导书中并出版。每本书均由曾执教过多支社会业余棒球队的作者撰写，并邀请顶级的业余棒球选手作为示范模特。

我希望教学者和受教者都可以认清自己的角色，在未来发展出自己的"枝叶"。本书特别推荐给想要学习基础知识并想提升到更高水平的球员、想要了解执教重点并与球员一起实现目标的教练，以及想要更加了解棒球选手的家庭成员。

我也要借此机会向Honda（本田）棒球队表示感谢，他们在"棒球进阶"系列丛书的制作中，为棒球界的发展提供了从拍摄场地到模特等大量协助。

清水隆一

前 言

我作为一名教练，见过很多投手的投球。在教授他们投球技巧时，我被问过很多问题。其中，最常见的问题有"我应该怎样做才能提高控制球的能力""我应该怎样做才能投出快球"，以及"我应该怎样做才能扔出一个变化球"。所有这些问题对于在比赛中投出好球都是至关重要的。

那么，我们应该怎样做才能处理好这些问题呢？学习控制直线球和变化球意味着能够在比赛中随时随地、不论个数地投出自己想要的球型。如果投球时机和姿势不能良好配合，就很难做到这一点，因此学习正确的投球姿势很重要。

想要投出一个快球，必须发挥出一个人的全部能力。这样做才能投出对于这个人来说最快的球。尽管体质和能力会有个体差异，但使用正确的投球姿势才是发挥一个人极限的关键。也就是说，要想在比赛中投出好球，首先必须学会正确的投球姿势。

首发投手每场比赛可能会投出超过100个球。由于投球次数过多，如果没有运用合理的投球姿势，身体很快就会感到疲劳。此外，如果不学习正确的投球姿势，可能很容易受伤。因为不正确的姿势会使身体的特定部位在投球时产生负担，一遍又一遍地重复相同的动作就会产生压力，很容易导致肩关节、肘部和腰部的损伤。如果能以正确的投球姿势有效地使用整个身体，便可以降低受伤风险。换句话说，正确的投球姿势可以延长投手的职业生涯。

再说得更具体一些，一个投手以正确的投球姿势投球，意味着他正确地使用了下半身的力量：使用膝关节并用力旋转腰部，然后带着肩膀和手臂活动。如果以这种姿势投球,可以维持长时间的投球,即使投球超过100个,也不会对身体的任何一个部位产生额外压力。甚至从比赛第一局到第九局,球的威力也不会下降很多。

我不希望读者在这里有所误解,这里所说的"正确的"投球姿势绝不是指对投手来说"轻松的"投球姿势。正确的投球姿势的基础是首先充分地转移身体的重心,然后以身体为轴线旋转。如果做不到这一点,就无法在比赛中有良好的发挥。

以下三种姿势是不规范的投球姿势中最常见的示例。第一种,有些人只使用上半身的力量。在这种情况下,无论如何努力挥动手臂,都无法将球投得很好。第二种,许多人无法正确地转移身体的重心。投球时某个姿势出了问题,力量就会在这个过程中被削弱,导致积攒的力量不能全部传递到球上。第三种,也有很多人在最后阶段无法充分且迅猛地旋转身体。

基于此,本书不仅提供了正确的投球姿势的检查重点,还介绍了如何改进该姿势以投出好球。此外,还列出了比赛中投球必不可少的要素——学习变化球、防守和心态的要点。

尤其是在投球姿势方面,往往投手和他的教练都没有意识到投球姿势出了什么问题。即使他们意识到了问题的原因,许多人也不知道如何解决它。"那么我应该怎么办?"有这种困惑的人也不少。我希望本书能给那些在投球中遇到困难的人一个得到启示的契机,对提高投手的技术有所帮助。

藤田康夫

目　录

第 1 章　塑造正确的投球姿势 ———————— 13

1. 投球姿势的检查要点 ———————————————— 14

　　Point.1　头部是身体的轴心，要能够完全看到手套 ——— 15
　　Point.2　用轴心脚感受身体的重量，将力量传给出球的瞬间 —— 16
　　Point.3　为了平滑地转移体重，将脚落在腿抬起的地方 —— 18
　　Point.4　想象字母"L"来转移重心 ————————— 20
　　Point.5　确保连接双肩的线平行 ——————————— 22
　　Point.6　肘部不要低于肩关节 ———————————— 23
　　Point.7　脚尖朝向正前方 —————————————— 24
　　Point.8　步伐幅度为 5～6 个脚的长度 ———————— 26
　　Point.9　投掷时，想象将轴心脚一侧的腰部
　　　　　　 放在另一侧的腰部上 ——————————— 28
　　Point.10　站立 3 秒保持平衡 ————————————— 30
　　Point.11　迈出的前脚要牢牢地抓住地面 ——————— 32
　　Point.12　投手也是一名守场员，投完球之后的动作也很重要 —— 34

2. 塑造投球姿势的练习方法

- 不要低估影子投球练习 —————————————————— 36
- 间隔5～6m进行投接球练习 ———————————————— 38
- 必须达到的投掷练习量 ————————————————— 40
- 时间充裕的话养成跑步习惯！身体的训练也是必不可少的！ —— 42

3. 遇到这种情况应该怎么办？了解问题点和改善方法

- 问题1　身体过于展开 ——————————————————— 44
- 问题2　上半身和下半身折叠 ———————————————— 46
- 问题3　身体下沉 ————————————————————— 50
- 问题4　上半身发力 ———————————————————— 52
- 问题5　头部会不自觉地转动 ———————————————— 56
- 问题6　手臂的位置不固定 ————————————————— 60
- 问题7　球在飞行过程中出现向内侧的旋转效果 ———————— 62
- 问题8　无法平滑地转移重心 ———————————————— 64
- 问题9　面对站在击球区的击球手无法投出好球 ———————— 66

4. 将球控制在瞄准的地方

- 投内角球时想象腰部向瞄准的地方顶起 ———————————— 68
- 投外角球时注意不要只用手臂投球 —————————————— 70
- 投球时不需要考虑任何高度，但是…… ———————————— 72
- 投向好球区的四个边角。用身体的力量投球的话，控球力就会变得稳定 ————————————————————————— 74

第2章　变化球 —— 75

1. 什么是好的变化球？ —— 76
2. 手指短小也没关系！找出适合自己的变化球 —— 80
3. 投球种类的特征和注意点
   - 直线球 —— 84
   - 曲线球 —— 86
   - 滑球 —— 90
   - 曲速球 —— 94
   - 指叉球 —— 98
   - 螺旋球 —— 100
   - 变速球 —— 102

第3章　只会投球的人并不能叫作投手 —— 105

1. 牵制
   - 左手投手对一垒的牵制 —— 106
   - 右手投手对一垒的牵制 —— 112
   - 对二垒的牵制 —— 118
2. 快速投球
   - 快速转换 —— 126
   - 快速投球 —— 128
3. 防守动作
   - 投手投完球之后立刻变为第9名守场员 —— 130
4. 投手板的使用方法 —— 140

第4章　什么是投手？ —————————— 141

1. 心理活动和思考方式
   - 问题1　开始的第1投到第3投效果很差 —————— 142
   - 问题2　无法进入自己的节奏 —————————— 144
   - 问题3　出现跑垒员时会变得焦虑 ——————— 145
2. 投球技巧
   - Q1　第1个投球的注意事项有哪些？ —————— 146
   - Q2　如果被迫连续犯规应该怎么办？ —————— 148
   - Q3　可以让接手来打信号吗？ ————————— 149
   - Q4　完投必要的事项是什么？ ————————— 151
   - Q5　没有速度的球也能控制比赛吗？ —————— 153
   - Q6　总是调整不到好的状态时应该怎么办？ ——— 154
3. "间隔"是什么？ ——————————————— 156

后　记 ———————————————————— 158

第1章
塑造正确的投球姿势

控球不稳定。球速提不上来。
这样的投手一定是投球姿势有问题!

第 1 章　塑造正确的投球姿势
1. 投球姿势的检查要点

　　一名投手的好坏基本是由其控球力决定的。掌握控球力的必要条件就是使用正确的投球姿势。如果投球动作出现问题，不仅无法改善控球能力，也无法提高球速。为了保证投球姿势的正确性，首先需要分阶段检查姿势要点。

Point.1
头部是身体的轴心，要能够完全看到手套

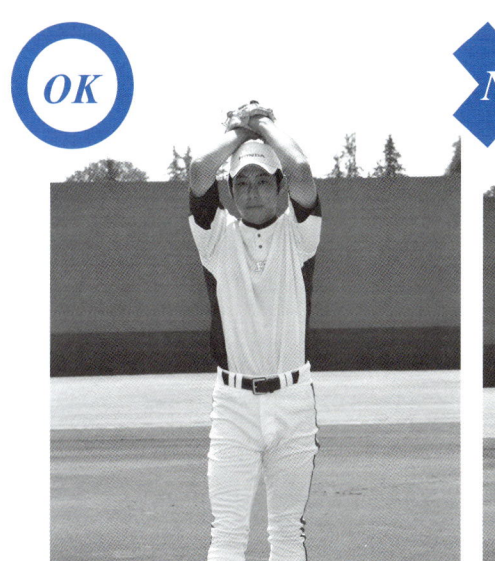

1.投球姿势的检查要点

OK   **NG**

投手的一系列投球基本动作中，在投球之前，首先握球时要能明显地看到手套，然后决定好投球的路线和球的类型，再开始行动。此时重要的是肘部不要向外张开，而是要将两侧腋窝向脸的方向收紧并降低手臂高度，这样力量就很难分散，并且更容易放松手臂。以肩宽的间距自然地将手臂抬高很重要。

检查！
头部的轴心使身体旋转更加流畅

之所以要完全看到手套，是因为人会潜意识地瞄准其所能看见的东西。如果看不到自己的目标，那么肩部、腰部和手臂都会偏向自己的视线方向，这样就不得不将身体恢复到原来的位置，身体也就不能保持平稳。不要迷失头部的方向，要以正面朝向目标方向。头部不要晃动，即使投球动作启动，身体也要自然地跟随头部所面对的方向。投球时，以身体为单轴的快速旋转非常重要。头部是整个身体的轴心，控制好头部会使旋转更加流畅。

Point.2
用轴心脚感受身体的重量，将力量传给出球的瞬间

将脚向正上方抬起，感受重心牢牢落在轴心脚上（右手投手为右脚，左手投手为左脚）。如果重心没有完全落在轴心脚上，则不会产生足够的旋转力。首先做到能够单腿直立很重要。

1. 投球姿势的检查要点

如果抬起脚时身体向前倾（向接手一侧），则无法将身体的重量放在轴心脚上。如果出现这种情况，留在轴心脚上的力量就会被浪费，力量就无法传导到上半身。

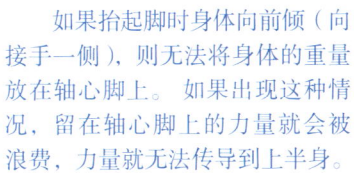

检查！
旋转力和动能
由轴心脚产生

投手投球时，重要的是感受身体的重量并将所有的力量转移到出球的瞬间。其中关键是身体重心的转移和身体轴心的旋转。如果将重心牢牢地放在轴心脚上，则可以使所有重量转化为旋转力。所以，为了尽可能多地产生力量，需要将自己的重心转移到轴心脚上，积累力量。可以将这一系列动作视为能量爆发前的准备。

17

Point.3
为了平滑地转移体重，将脚落在腿抬起的地方

　　如果确切地感受到了重心在轴心脚上，就将抬起的腿先垂直下落（原地下落重心），以确保重量的顺利转移。顺着落下的脚，转移自己的重心。这时，只要向侧方移动再旋转身体，就可以将积攒的能量直接转换为旋转的力量。因为膝关节也是弯曲的，所以可以正确地使用下半身进行投球。

膝关节超过脚尖时，力的传递方向会发生偏差，最好将轴心脚的膝关节保持在内侧

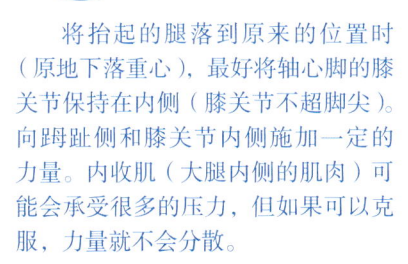

OK

NG

　　将抬起的腿落到原来的位置时（原地下落重心），最好将轴心脚的膝关节保持在内侧（膝关节不超脚尖）。向踇趾侧和膝关节内侧施加一定的力量。内收肌（大腿内侧的肌肉）可能会承受很多的压力，但如果可以克服，力量就不会分散。

　　如果轴心脚的膝关节过度弯曲并延伸到脚尖之外，那么力量将会分散到身体的前侧（朝向三垒）。这种姿势对脚来说会轻松一些，但力传递的方向有偏差，并且用轴心脚感受到的重量也会消失，所以要注意。

Point.4
想象字母"L"来转移重心

首先，感受轴心脚上的重量（图1）。原地下落重心（图2和图3）。然后就可以准备转移身体重心了。只要通过向侧向用力移动，便可以顺利地完成旋转（图4和图5）。最好想象身体的重心在画一个字母"L"的形状。当前脚放在地面上时，只要保持视线稳定，身体就会跟随视线方向而移动（图6）。

1.投球姿势的检查要点

顺着惯性投球是错误的

如果放任利用惯性进行身体重心的转移，即使已经自我感觉正在画一个"L"的形状，但是身体重心并没有完全放下，这时开始向侧方移动的话，上半身就会有向前的重心移动，所以要注意。这个动作的感觉大概是：在抬起脚时感受身体的重量，再放下脚，当感受到轴心脚用力时，感觉好像你正在用轴心脚的踇趾将自己的身体推向接手。重要的是要仔细检查身体的每个动作，确认好之后再进行下一个动作，不要偷懒。

检查！
视线要朝向前方，不要晃动

Point.5
确保连接双肩的线平行

OK

通过确保连接双肩的线与地面平行来确定方向。此时，手套手应面向接手的手套方向。

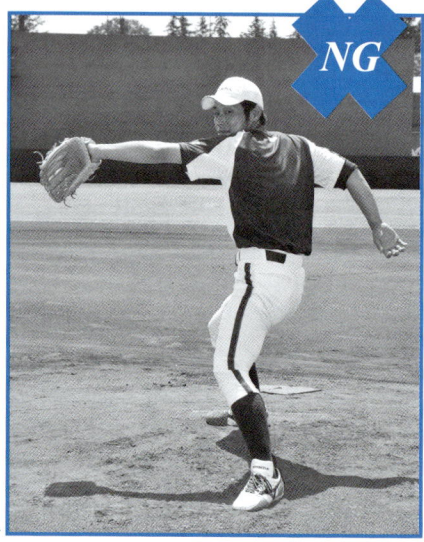

NG

NG

　　如果戴手套的手臂面向三垒、向上或向下，力就会顺着手臂方向流失，这是错误的。如果试图以这种状态向接手投球的话，投手将不得不上下或左右调整，从而很难实现平滑的旋转。这将使球很难得到控制，并且无法正确摆动手臂。

Point.6
肘部不要低于肩关节

1. 投球姿势的检查要点

**肘部位置过低，就很难给球施加旋转；
肘部过伸，就无法控好球**

持球手臂的肘部不应低于两肩的连线。如果肘部伸展得过头，离身体过远，将很难控制住球。另外，如果肘部过度弯曲，则肘部容易下垂，无法给球一个好的旋转，这时以肘部为支点来挥臂，最终导致挥臂幅度变小。同时，击球手也更容易看到球，投球的摆臂也不会很利落。

Point.7
脚尖朝向正前方

OK

检查！

前脚的脚尖
要朝向正前方。

1. 投球姿势的检查要点

如果脚尖向外，手臂动作就会迟缓，控球力就会不稳定。

NG

如果脚尖向内收紧，腰部将无法充分旋转。

NG

如果脚尖向外张开，积聚的力量就会被分散。手臂伸出有延迟，对球的控制力就会不稳定。

脚尖向内侧收得太紧是不好的。会导致腰部得不到足够的旋转，难以正确地传递力量。

理想情况下，迈出的脚应该是笔直的！

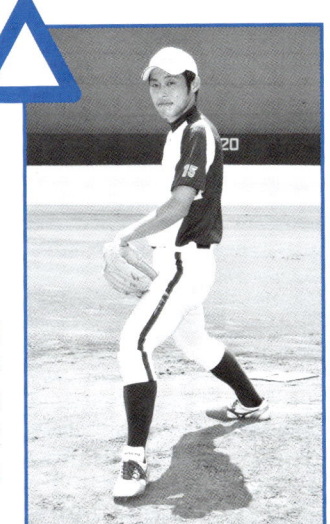

前脚的迈步方式存在个体差异。如果与接手手套的方向交叉，则容易产生方向的偏差。

前脚迈出的方向存在个体差异，所以这里所说的并不是"必须这么做"。但如果迈出脚的方向与接手的手套方向交叉，或者髋外旋太大，出球方向会受到影响，所以要注意。这里说的只是理想情况下笔直地迈出步伐。

Point.8
步伐幅度为 5～6 个脚的长度

投手投球时的理想的步伐幅度为 5～6 个脚的长度。下半身也要充分地使用力量。

1. 投球姿势的检查要点

如果步伐幅度窄，整个身体的力量就很难传递到球上。感觉就像是只用上半身在投球。

适合日本人的步伐幅度

投掷时的步幅不宜太宽或太窄。为了平稳、充分地旋转腰部，步伐幅度以 5～6 个脚长为宜，此时更适宜日本人的体型转移重心并在全身传递力量。但步伐幅度存在个体差异，因此请以 5～6 个脚长为标准找到适合自己的步伐幅度。

Point.9
投掷时，想象将轴心脚一侧的腰部放在另一侧的腰部上

投掷时，想象将轴心脚的腰部放在迈步脚的腰部上（转移重心）。如果有网球经验，想象发球的情况就可以了。

1. 投球姿势的检查要点

腰部先行，
手臂再跟上！

　　一旦身体的重心转移充分，身体的旋转就会干净利落。想象一下，将轴心脚一侧的腰部放在迈步脚一侧的腰部上。很多时候我们自认为已经转动了腰部，但事实上却没有充分旋转。如果是右手投手，这个动作就像是以腰部伸向左手击球手的内下角来投球的感觉。如果想象自己的腰部朝内下角伸展，然后手臂随之移动，那么身体的旋转就会更加充分。有意识地想象用腰部去碰撞什么东西非常重要。

Point.10
站立3秒保持平衡

保持投完球后的姿势，静止3秒

检查自己投完球后的姿势能不能保持3秒。
如果投球后充分地把重心转移至前脚上的话，应可以坚持3秒静止。

OK

1. 投球姿势的检查要点

动作保持静止3秒，即可证明重心都转移至前脚上了

出球后，用向前迈出的一只脚保持平衡。能够用一条腿稳固地站立，表明身体重心完全转移到前脚上并已用尽全身力量去投球。最好检查一下动作是否可以保持静止3秒。保证足够低的重心，即使被他人推动也不会轻易地晃动，就可以说这是一个很稳定的投球姿势。如果一只脚没有稳住身体，即使腰部看上去旋转了，力量也并没有很好地传到球上。

如图所示，即使腰部转动，但无法单脚站立并立即落在地面上，表明身体的重心只是看上去转移了。

Point.11
迈出的前脚要牢牢地抓住地面

OK

不要让脚与地面有间隙

不要旋转脚踵

NG

如果前脚和地面有间隙，或者脚踵旋转，就说明前脚没有承受身体的全部重量。

1.投球姿势的检查要点

将所有身体的重量牢牢地放在前脚上

如果完成投球后前脚的脚尖翘起，或者围绕脚踵旋转，则表明身体的重量没有完全转移到前脚。没有转移身体的重量，换句话说就是力量分散了。肩膀和手臂没有向前（到接手一侧），投手只是原地旋转并投球，意味着减少了一半重心转移。原则是永远不要让踇趾离开地面。并且将重心放在脚尖上，用力压向前脚，最后完成单脚站立。

将所有身体的重量牢牢地放在前脚上。想象把所有身体的重量压在脚尖上再用踇趾抓地。

Point.12
投手也是一名守场员，
投完球之后的动作也很重要

OK

投掷后的轴心脚必需落于迈出脚的前面。如果重心完全地转移，那么轴心脚必然会位于前方。投手是第9名野手，投球后需要迅速准备防守，所以投完球之后的动作也很重要。

1. 投球姿势的检查要点

如果身体的重心没有充分转移，轴心脚就不会向前迈出。这样的话，投手将无法快速进入防守姿势。

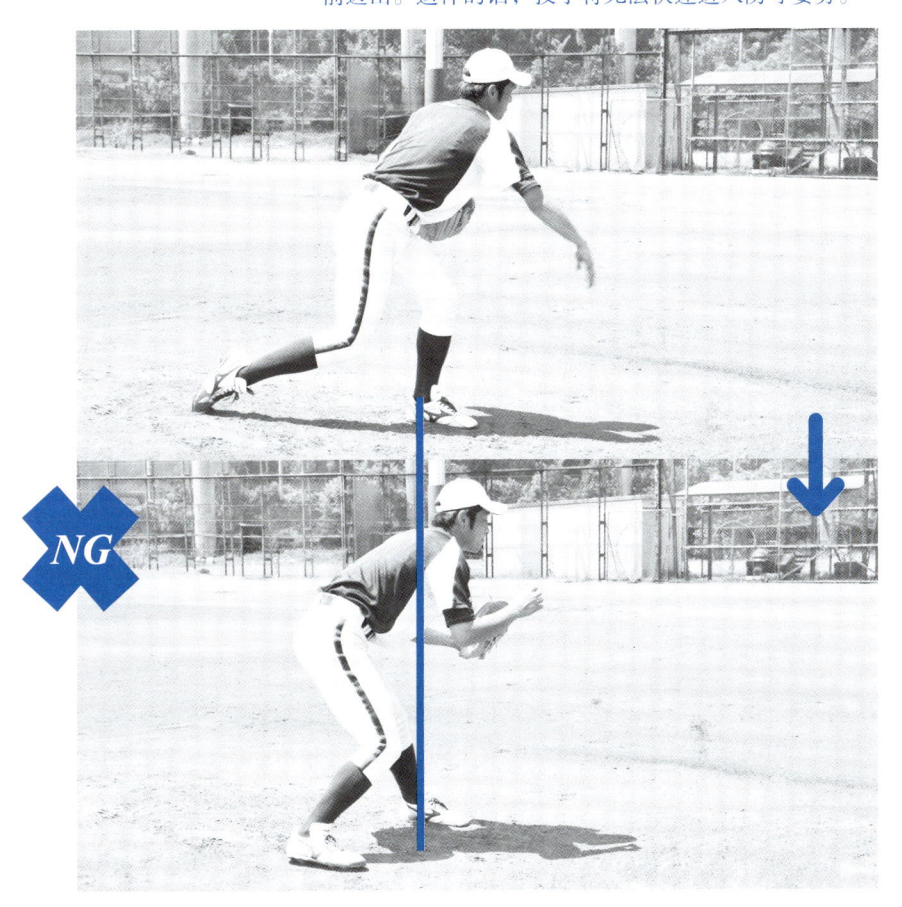

如果将身体的重心充分地转移，那么球投出之后，自然会变成内场手的防守姿势

　　如果平稳地转移身体的重心并正确旋转腰部，在投球结束时，轴心脚应该落在迈出脚前面。请记住这一点并作为姿势确认的参考。另外，如果最后处于低重心的状态，自然就做好了防守击球的准备。以正确的方式投掷将帮助投手快速进入防守姿势。

第1章　塑造正确的投球姿势

2. 塑造投球姿势的练习方法

到目前为止,我们已经介绍了投球姿势的检查要点,为了以正确的姿势进行投球,基础练习也很重要。希望大家能了解到影子投球练习和投接球练习的重要性。

▍不要低估影子投球练习

每天反复练习棒球对于掌握正确的投球姿势是必要的,尤其要重视影子投球练习。首先,在不持球的情况下重复投球动作,有助于了解自己的投球姿势。如果在镜子前练习,更容易检查自己的姿势。然后,根据之前介绍的投球姿势检查点,摸索正确的投球形式。

当有人说"进行影子投球练习"时,请不要误会成"这是最简单的练习"。掌握正确的投球姿势,需要纠正自己的不良习惯,所以如果不仔细检查每一个动作要点,那么无论尝试多少次都将毫无意义。说得极端一点,与其筋疲力尽地练习100次,不如做好每一次的练习。

动作的检查要点有很多,但最重要的一个是正确使用下半身。这是因为,如果不是刻意去关注,下半身很容易被忽视。使用下半身的正确方法是先使用支撑腿下沉重心,抬起前腿先下落,然后向侧方移动并转移重心。然而,很多人因为轴心脚很累,在没有充分转移身体重心的情况下就开始行动。换句话说,如果学会了正确地转移身体重心,其余的动作通常会顺利地进行。

顺便一提,进行影子投球练习时,很多人会用惯用手拿着一条毛巾。这本身没问题,但在握住毛巾时,过于注意手臂的摆动并不是一个好主意。能够正确地转移身体重心的话,手臂就会自然地正确摆动。因此,首先要学习第20页介绍的"L"形身体重心的转移。

在影子投球练习中,完成一定数量的重复次数也很重要。认真做好每一次是必须的,建议投手每天至少做100次。投球时重要的不仅是投手所想的"这样的投球姿势能投出这种类型的球",还要看是否能真正通过自己的身体表现出来。心里明白了,但能不能按照自己的想法去行动又是另一回事了。通过重复进行影子投球练习，这种理想和现实的差距会逐渐缩小。

　　同时，学习如何让自己的身体做出感官上的反应也很重要。例如，击球手在面对 150km/h 的高速球时，如果在想"这样的投球，我要以这种方式击中"，那么他就很难做出利落的挥棒。在踏入击球区之前，已经做了很多的准备工作，但真正击球的那一刻，只能依靠身体的反应，这是通过日常反复练习培养出来的。对于投手来说也是如此。如果在球出手的一瞬间才考虑"应该在哪里离手"，那么也很难充分地挥动手臂。因此，通过日常反复地进行影子投球练习，重要的是培养"如何投掷什么样的球"的感觉，并能够在比赛中发挥出这一点。

间隔 5～6m 进行投接球练习

投接球练习的距离一开始有 5～6m 就可以了。在这个距离上，可以轻松地保持投球姿势投球。

通过影子投球练习掌握了投球技术后，就该真正拿起球并尝试投球了。不过在此之前请先尝试在 5～6m 的短距离内进行投网或投接球练习。一个棒球重约 150g，但仅仅是拿着它，就能产生与影子投球练习相比完全不一样的、更强烈的挥动手臂的感觉。由于实际比赛中必须拿着球来投球，因此将通过影子投球练习学到的正确投球方式应用于实际演练，一点一点地习惯投球姿势很重要。一开始应短距离轻轻地投球，来感受投球姿势。如果刚开始就用 100% 的力量投球，身体反而可能会失去平衡，最终掌握了完全错误的感觉。

2.塑造投球姿势的练习方法

通过影子投球练习完善了自己的投球姿势后，就可以尝试向球网进行实际投球练习。在投掷时需要特别注意的是保持正确的投球姿势，所以进行近距离的投接球练习就可以了。

短距离的优点是"可以集中精力于姿势的塑造上"。如果一味地追求控制力、旋转速度、球速等，投手将不可避免地根据自己投出的球做出判断，这可能会导致投手失去原本对塑造投球姿势的注意力。因此，不要焦急，只需专注于感受正确的投球姿势。

此外，关于向球网投球和投接球所需的练习量，建议和影子投球练习一样，每天至少练习100次。

由于这种练习方式只需轻轻投球，对身体的压力较小，因此，即使投200~300个球也是可以的。

必须达到的投掷练习量

投球姿势固定之后，用大量的投球练习把投球姿势变为自己的东西。

不仅可以培养投掷的体力，还可以培养情绪的耐力

投手掌握了如何持球并以正确的方式投球，就可以逐渐增加投接球等练习的距离，最终在牛棚或击球练习中投球。总的来说，现在投手的投球练习次数有所减少。当然，练习方式还要根据1年中的比赛次数进行调整或更改。赛季期间以及赛季前后训练期间的投球量自然是不同的。

然而，如果想提高投球能力，应该以每天至少投100个球为目标进行练习。这里推荐在自由击球后再上场比赛。通过每天与击球手不断对抗，不仅可以增强投手的竞争意识，还能使其更精细地掌握控球技巧，同时可以增强其肩膀的耐力。

此外，每天持续投球会增强投手的精神力量。例如，投手在一场比赛中想"我累了，我可能比不下去了"，那么他就可能真的无法再投出好球。不过，如果在平常认真练习，比赛中就会回忆起"我经历过比这更困难的情况"，即使感觉到有点儿累，发现自己陷入困境，投手依然不会动摇。

从这个意义上说，在保证不受伤的前提下，大量的努力练习是绝对必

2．塑造投球姿势的练习方法

有真实的击球员的投球练习是很必要的。

要的。另外，对于高中生来说，比赛赛程的要求特别高，如果晋级，一周内可能要打四到五场比赛。即使是大学生，也可能要连续参加两到三天的联赛。因此，根据这些情况进行投球练习也是很重要的。比如，可以考虑这样的计划：我可能会在一场比赛中投出150个球，所以今天我会练习投出150个球，然后隔两天后再练习150个球，第4天再练习150个球。相信有些选手还经历过这样的情况："还没等我肩膀热起来，比赛就已经结束了""太累了，无法再连续投球""我没有足够的体力打加时赛"……为了避免这些情况，请务必增加相应的练习量。

时间充裕的话养成跑步习惯！
身体的训练也是必不可少的！

　　投手需要的训练不仅仅局限于投球练习，通过锻炼增强基础体力也很重要。这有助于提升投手的耐力，使他们能够进行更多练习，从而提高投球的技术。

　　在寒冷的冬季，如果投球练习量过大，受伤的风险就会变高，所以无论哪个球队都很重视体能训练。也经常看到他们通过跑步或力量训练来锻炼身体。但随着春天的临近，天气转暖，训练的频率通常会逐渐降低。当然，也需要把时间花在其他练习上。然而，希望投手们牢记：如果有时间的话，即使在赛季期间也应该进行体能训练，并将其培养成一种习惯。

　　特别是跑步，它被认为是投球的基础。为了提高投手的投球能力，加强下半身的"地基"是绝对有必要的。这对于各个身体部位的平衡使用也很重要。训练项目会根据一年中的不同时间而有所变化。比如在理想情况下，冬季时，可以进行长跑训练，而随着赛期的临近，可以逐渐增加短距离冲刺的练习。

在笔者担任教练时，制订了一个训练计划，要求选手们每周至少跑步两次，即使在赛季期间也是如此。例如，进行50次50m冲刺跑，以增强重复这些动作的爆发力和耐力。在休息2~3天后，再通过20次200m跑来提高心肺功能，之后再交替进行这些项目。而10km等长距离跑步只在冬季进行。因为就长跑而言，与其说是改善心肺功能，不如说是为了训练耐力。单纯的跑步训练是不够的，所以也要限制跑步的时间。

笔者认为计时跑步是一种可以在精神上激励选手的好方法。经常可以看到球队进行间歇训练，比如在一分钟的时间内绕球场跑一圈，然后休息一分钟，再接着跑。这样训练，不仅可以锻炼肌肉，而且会给选手一种"一步一个脚印决出胜负"的感觉，从而更有动力。

除了跑步外，还有其他类型的训练也值得关注，那就是增强核心力量和握力。核心力量，顾名思义就是身体躯干的力量，是投球时产生强烈而急剧旋转的关键。以笔者担任教练时的训练计划为例，锻炼腹部肌肉、背部肌肉和侧面肌肉的项目各做50次，以此为一组，还会根据日期改变组数，例如，一天做5组或10组。如果没有比赛，次数就多一些；相反连续进行比赛时，次数就少一些。但是，无论组数或次数如何，希望选手每天都进行训练。

至于握力，定期训练很重要，因为如果投手连续投球，就会感到明显的疲劳。然而，选手通过抓握橡皮球之类的东西进行训练，手感与真正的棒球有所不同，这样的训练可能无法应用于实际投球。因此，希望选手们通过实际投球来提高自己的技术。

检查！

通过投球训练握力！

握力可以通过实际握球并投掷来提高。单纯地靠握着橡皮球进行训练并不能真正达到实际比赛的效果，因为投球时的感觉会有所不同。

核心肌群：腹部肌肉、背部肌肉和侧面肌肉

训练增强核心力量很重要。建议针对腹部肌肉、背部肌肉和侧面肌肉进行5~10组的训练，每组重复50次。训练次数的调整也很重要，如果没有比赛安排，可以增加次数；而如果有连续比赛，可以减少次数。不过，无论训练量如何调整，最好每天坚持锻炼。

第1章　塑造正确的投球姿势

3. 遇到这种情况应该怎么办？了解问题点和改善方法

即使自认为已经掌握了稳固的投球姿势，但在实际投球过程中，动作有时也会变形。关键在于找出问题所在以及了解如何进行改进。

问题 ❶

身体过于展开

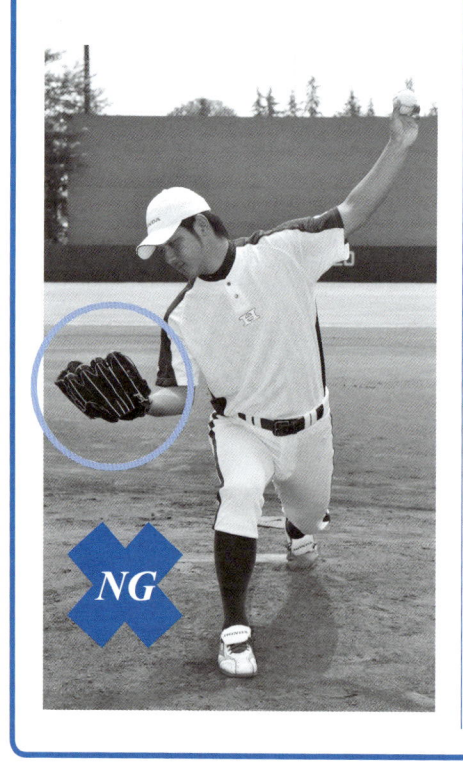

原因在于戴手套的手臂的使用方式！

在投球动作中，若身体打开动作提前发生，具体表现为在身体重心尚未完成有效转移之际，肩膀已提前展开，并且身体提前开始旋转。其原因在于戴手套的手臂被过快地拉动，导致手套的转向动作提前进行。这一连锁反应，进而牵引持球手臂随之挥动，使肩膀过早地处于开放状态。此姿势的不良后果在于，它使得投手的身体正面过早地暴露给击球手，无意间增加了投出具有曲速效果的球的风险，因为这样的动作往往伴随着球路的不稳定。同时，这也使得投手对球的控制难度加大，降低了投球的隐蔽性和变化性，从而更容易被击球手预判和击中。

NG

3．遇到这种情况应该怎么办？了解问题点和改善方法

问题 ❶
解　决

伸出手套的一侧

尽可能隐藏身体正面！

检查！

　　为了更有效地延迟身体的打开，投手应将手套的一侧推向接手的方向，但需避免过度推进导致动作失控。在这一过程中，手套应持续保持向前伸展的状态，以此防止击球手直接观察到投手身体的全部，特别是上身及肩部的过早暴露。通过这种动作调整，投手能够显著缩短身体正面面向击球手的时间，进而增强投球的隐蔽性。同时，使得投手能够将身体的旋转动作尽量滞后，直至接近投球释放的瞬间，从而实现身体最大幅度的扭转。此外，延迟打开还有助于确保投手在投球过程中完成全身重心的充分转移，使投球动作更加流畅、有力且难以预测。

问题 ❷
上半身和下半身折叠

3. 遇到这种情况应该怎么办？了解问题点和改善方法

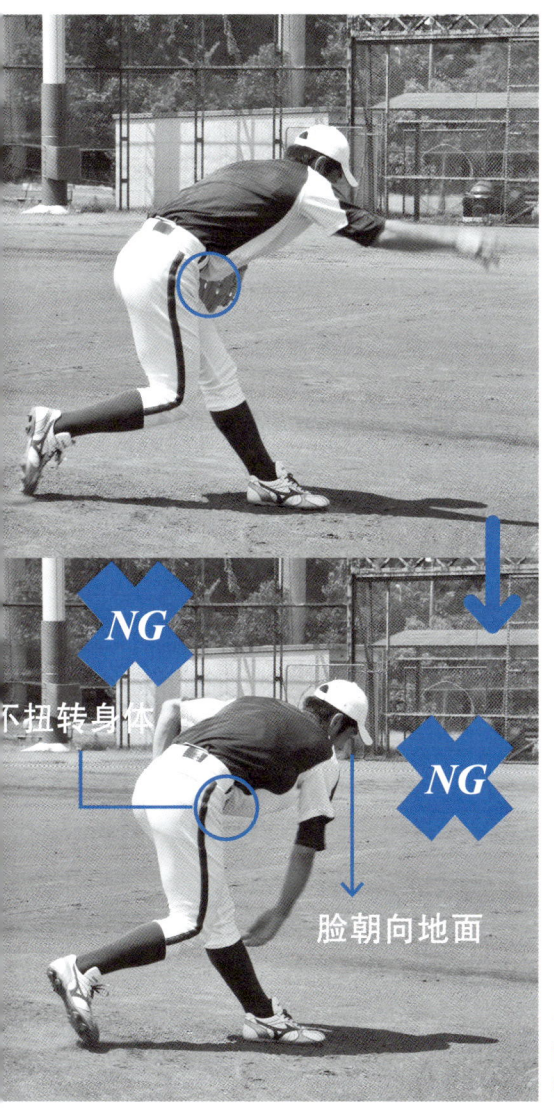

原因是投手从上方投球时用力过猛

投手的身体轴线未能保持直线，投掷后，身体以腰部为中心呈折叠姿态。此状态下，身体的自然旋转受阻，下半身产生的力量无法顺畅地传递至上半身。这迫使投手仅能通过手臂的挥动来主导投球过程，即所谓的"手臂投球"。这种方式削弱了投手对球的控制稳定性，并限制了手臂的正常摆动范围。为避免失误，投手可能不自觉地选择投出更易被击球手捕捉的球路。特别是当投手过于用力地从上方投球，同时面部朝向下方时，更易诱发上述身体折叠与不稳定投球的现象。

身体呈折叠状的投手，腹部往往不会朝向前方，而是在做鞠躬一样的动作。

NG 不扭转身体

NG 脸朝向地面

> 问题 ❷
> **解决其 1**

时刻意识到腰要向前弓

只要时刻意识到腰要向前弓，以身体的轴为中心的旋转就会变得容易。

问题 ❷
解决其 2

从头部到脚呈一条直线

如果投手投球后从头到脚呈一条直线，上半身和下半身就不会折叠。

纠正方法！

时刻意识到保持身体轴线稳定，并确保腰部向前延伸，将显著改善身体折叠的不良姿势。投手若能在投球过程中保持腹部向前挺起，就能有效防止身体折叠。此外，当投手完成投球动作时，若能想象自己的身体从头到脚形成一条直线，这种心理意象将有助于无须刻意用力，腰部便能自然地完成扭转动作。

问题 ❸
身体下沉

NG

错误
膝关节弯曲过大

原因就是膝关节过度弯曲！

　　身体下沉的投手的一个常见表现是，他们一味地追求降低重心而过度弯曲迈出腿的膝关节。保持重心稳定很重要，但身体过度下沉会导致姿势变得像蹲下投球一样。这种情况下，投手仅用上半身的力量，看似做出了投球的动作，但下半身的力量并没有传递到上半身。因此，投出的球既没有速度，又没有气势。

3．遇到这种情况应该怎么办？了解问题点和改善方法

问题 ❸ 解决

身体用力挺起

把前腿当作支撑杆！

尝试尽可能扩大前腿的弯曲角度，并在投球时挺起身体。可以把前腿视作一个支撑杆。所谓"身体下沉"是一种由于膝关节吸收了身体的重量而导致动作停滞的现象。通过让前腿充当支撑杆，让迈出腿脚部承受身体的重量，身体就可以做到利落地扭转。

要点

支撑杆

问题 ❹

上半身发力

NG

　　在投球时，如果投手过度专注于投出快速的直线球或具有强大威力的变化球，往往会导致上半身不自觉地过度发力。然而，仅仅依赖上半身的力量进行投球，会忽视对下半身力量的运用。因为缺乏下半身的力量支持，投手将难以充分发挥出投球的速度潜力。

上半身紧张的原因是双臂位置过高

当投手的上半身处于过度紧张状态时,其投球动作会不自觉地转变为仅依赖手臂力量,这样的投球方式往往导致投出的球速不足。此外,若投手完全忽视下半身的力量,仅依靠手臂进行投球,不仅球速受限,还会严重影响对球的控制稳定性。通过进一步观察可发现,上半身紧张的投手在准备投球时,常有一个显著的特征:他们会先将手套举至较高位置,随后直接从该高度开始进行投球动作。

> 问题 ❹
> 解　决

试着降低手腕

球离开手套的位置再降低一点的话，身体会自然放松。
即使投球的双手举过头顶的位置过高，只要在后摆的时候将双手放下即可。

只要放下手臂，就会缓解紧张！

在确定投球准备姿势时，如果手套与手同步举高，肩关节与肘部确实会更容易自然发力。此姿势用于短暂的放松并无不妥，然而，若投手直接以此姿态将手臂后摆以启动投球动作，则容易导致上半身不自觉地过度发力。尽管维持较高的投球起始姿势是被允许的，但若察觉到上半身紧绷难以缓解，建议在手臂后摆之前先主动放下双手。这样做有助于上半身力量得到迅速释放，使投手能在更为松弛的状态下执行投球动作。此外，同步降低身体重心与双手位置，能使投手更有效地利用下半身的力量。

要点

问题 ❺

头部会不自觉地转动

NG 头部会不自觉地晃动

NG 下颚会不自觉地抬起

3. 遇到这种情况应该怎么办？了解问题点和改善方法

NG 容易低头

脸部晃动的话身体的轴心也会摇动

在投球过程中，如果脸部出现晃动，不仅会导致个人方向感的丧失，还会导致身体轴心的动摇。鉴于每次投球所采取的姿势并非完全相同，这种不稳定性会直接影响控球能力的稳定性。每当投球时，肩部、手臂及手部的位置均会随脸部运动的细微变化而发生相应的调整。正如本书先前所述，面部是身体姿态的核心。因此，投手在投球过程中被严格要求保持脸部始终对准接手手套的方向，并确保即便在完成投球动作后，其视线仍能清晰地捕捉到手套的位置。

控球力不稳定的人通常会出现面部位置不稳定的情况，例如低头或抬起下巴。

问题 ❺ 解决

尝试改变看接手手套的视线

要点
用这只眼睛
看接手手套

要点
用这只眼睛
看接手手套

首先用离接手手套远的一只眼睛看接手手套。

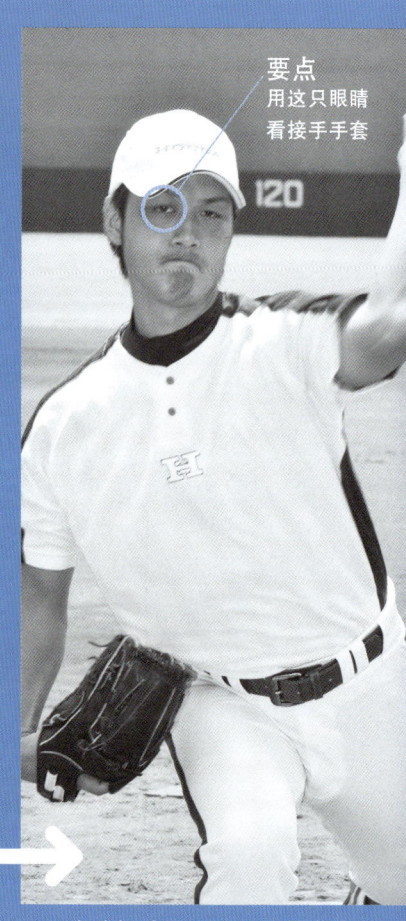

肩膀挥动后用另一只眼睛看接手手套。

3．遇到这种情况应该怎么办？了解问题点和改善方法

通过改变视线来纠正面部晃动

　　防止脸部晃动的一个好方法是稳定视线。在投球的过程中，从准备姿势到转移重心的阶段，投手应该用离接手最远的眼睛看手套（右手投手用右眼，左手投手用左眼），当肩膀开始转动时，再换另一只眼睛看手套（右手投手为左眼，左手投手为右眼）。通过这种方式，脸部的晃动自然会有所改善，身体的轴心也会变得更加稳定。

这样做的话脸部就会变得稳定。

问题 ❻

手臂的位置不固定

NG 手臂不要靠近后背

因投球手臂过于后摆导致手臂的位置不稳定。

后摆手臂时手臂的举起方式有问题

　　如果手臂位置不稳定，投手必然无法随心所欲地控制球。原因往往是后摆手臂时手臂的举起方式有问题。最常见的问题是持球的手臂过于靠近身体的背部。在这种姿势下，投手的手臂将无法顺利伸出，并且持球的手会容易远离自己的身体。

3. 遇到这种情况应该怎么办？了解问题点和改善方法

问题 ❻ 解决

手臂向二垒垒包方向后摆

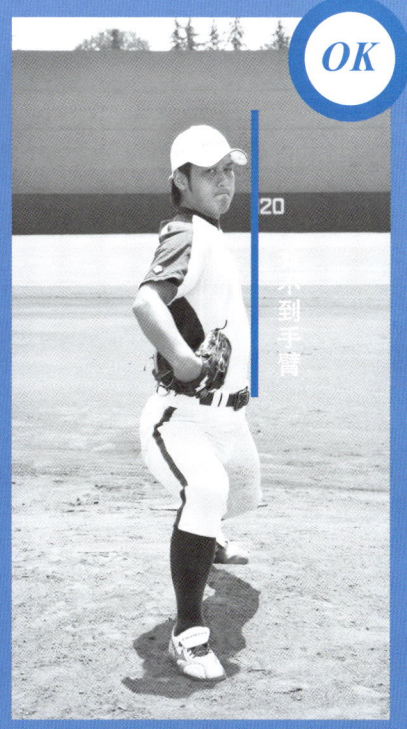

OK

看不到手臂

手臂隐藏在身体后面是最理想的情况

将持球的手臂举向二垒垒包，这样从击球手的视角来看，投手用自己的身体隐藏了手臂的动作，是一种理想的挥动手臂的方式。换句话说，就是要保持肩膀在投球方向上伸展。不过，手臂的位置之所以变得稳定，是因为身体的轴心是稳定的。

问题 ❼

球在飞行过程中出现向内侧的旋转效果

原因在于球离手的时机和身体的伸展

投手可能本意想投直线球，但不知不觉中动作就变成投曲速球，这不仅无法给球以足够的旋转，还会显得投手的控球力很差。造成这种情况的原因多数是身体伸展，但也有很多人是因为在挥臂时球的出手时机过早。

挥臂时球的出手时机过早，或者身体伸展都会容易投出曲速球。

3．遇到这种情况应该怎么办？了解问题点和改善方法

问题 ❼ 解决

确认腰部→肩部→手的出球顺序

投球动作的最后想象下巴靠在肩膀上

　　如果按照旋转腰部，然后是肩膀，最后是手臂的顺序投球，并且确保力量正确地传递到指尖，那么球就应该具有足够的旋转。因此，确认投球过程中是否有失误是非常重要的。关键点是看投手投球结束时，右手投手的下巴是否靠在右肩上（左手投手的下巴靠在左肩上）。以这样的动作结束投球的话就证明球是在身体前面离手的。

问题 ❽

无法平滑地转移重心

原因是上半身的前倾过度

　　如果转移重心到身体旋转这一流程无法平滑地进行，则无法投出强有力的球。如图所示，如果投手在出球时身体前倾，即使将重心移向本垒板，也无法将该力转化为球的旋转，最终只能用上半身力量来投球。这样做的话，不仅无法投出更强、更快的球，而且无法正确地控制球。

问题 ❽ 解决

注意将体重放在脚后跟上，并用力扭转腰部

体重放在脚后跟上可以矫正身体前倾过度

基本的投球动作本来是对大脚趾施加压力，但如果投手在投球时不自觉地前倾身体，请尝试在做投球准备动作时将体重集中在脚后跟上。那些在出球时倾向于前倾的投手在做投球准备动作时也常常前倾身体。为了调整这一点，如果在开始投球之前将重心放在脚后跟上，那么就会像图里一样，在出球时，身体的轴心正好恢复到一条直线，从而纠正身体前倾的问题。

另外，一定要充分地旋转腰部。然后，确保后侧腰部（左手投手的右侧腰部）位于前侧腰部的上方，并且在此基础上保持上半身挺直。如果追求这种感觉，身体轴线自然会变直，投球后也可以做到单脚平稳地站立。如果单纯地去想"身体不要前倾"，可能会导致投手不自觉过分专注于上半身的运动，而无法有效纠正动作。相反，如果投手能够关注下半身和腰部的运动，自然可以解决这个问题。

问题 ❾

面对站在击球区的击球手无法投出好球

心理上的问题

有很多人在常规训练中能投出好球，但在比赛中却难以复现。当投手开始过分关注"我要投出好球"这一想法时，他们下一次投球的姿势幅度往往会变小，无法自如地用力挥动手臂，对球的控制力和球的威力也会变弱。当然，投手需要反复练习，学会无论何时都可以正确地投球。这种情况下，表现不佳多数由心理上的问题所致。

问题 ❾ 解决

回忆起正确的投球姿势

冷静地审视自己，如果有时间，即使在比赛中也可以进行改正

当投手开始担心自己的缺点，投球动作就可能会变得奇怪。对此，重要的是要在练习中学到正确的投球动作，并使其成为强大的后盾。在练习过程中，了解自己擅长的动作，并记住投球姿势变糟糕时的改进方法和检查点。如果不这样做，将无法面对紧要关头。如果投手有时间冷静地审视自己，即使在比赛中也可以做出修正。根据球的轨迹，投手可以检查哪里出现了问题，并进行修正。

第1章　塑造正确的投球姿势

4. 将球控制在瞄准的地方

只要投球姿势正确，很容易控制投球的目的地。
这里我们将介绍一些控制目标位置的技巧。

投内角球时想象腰部向瞄准的地方顶起

如果投手感到胆怯，想着"我的球可能会被击中"或"这个球会打到击球手"，那么就可能投不出正确的内角球。

左手投手对抗右手击球手的内角球，对于左手击球手来说是外角球；右手投手对抗左手击球手的内角球，对于右手击球手是外角球，这些方向是可以互相转换的，请尝试研究一下吧。

4.将球控制在瞄准的地方

为了避免击中击球手，可以将手臂从上到下挥动投出内角球

当左手投手与右手击球手比赛时（右手投手对左手击球手时），投掷内角球有成为触身球（坏球）的风险，为了避免这种情况，投手可能会变得非常谨慎，这就需要他们专注于控球。投手需要学习正确的投球动作，并拥有"我可以很好地控球"的自信，再站上投手丘。投内角球时最重要的是消除"我的球可能会被击中"或"这个球会不会打到击球手"的恐惧。如果投手能在头脑中整理好投球的思路，决定"好好地投出关键的一球"，让自己的身心处于可以投掷内角球的状态，那么投到瞄准的地方的概率就会提高。

投掷内角球的关键是想象用腰部撞击投球的目标位置。此外，当旋转腰部时，感受手臂动作的跟随也很重要。这样腰部才能充分地扭转。

另外，为了避免击中击球手，可以想象一下手臂从上向下扔的感觉。手臂位置越低，身体就越容易向侧面旋转，球的轨迹也就越容易向侧面偏离。相反，如果想象从高处垂直向下扔球，球可能会出现垂直的偏差，但至少可以避免在目标位置的水平偏差。

投外角球时注意不要只用手臂投球

如果只用手投外角球，要注意球有变成曲速球的风险。

左手投手对抗右手击球手的外角球，对于左手击球手来说是内角球；右手投手对抗左手击球手的外角球，对于右手击球手是来说内角球，这些方向是可以互相转换的，请尝试研究一下吧。

后腰部向前伸直

外角球距离击球手较远，所以即使球稍有失控，也不用太担心变成触身球（死球），所以投这种球比投内角球时更容易放松。然而，这也带来了一个缺点，即好球区的范围变大，导致投球的目标范围很难缩小。反而可能会让投手更难投球。

当左手投手对着右手击球手投出外角球（右手投手对着左手击球手投球）时，肩膀的旋转和手臂的出手时机比投内角球时稍微延迟。能不能调整好投球节奏的快慢，决定了投球的控球力是否会产生差异。

正因如此，才要像投内角球一样，

4.将球控制在瞄准的地方

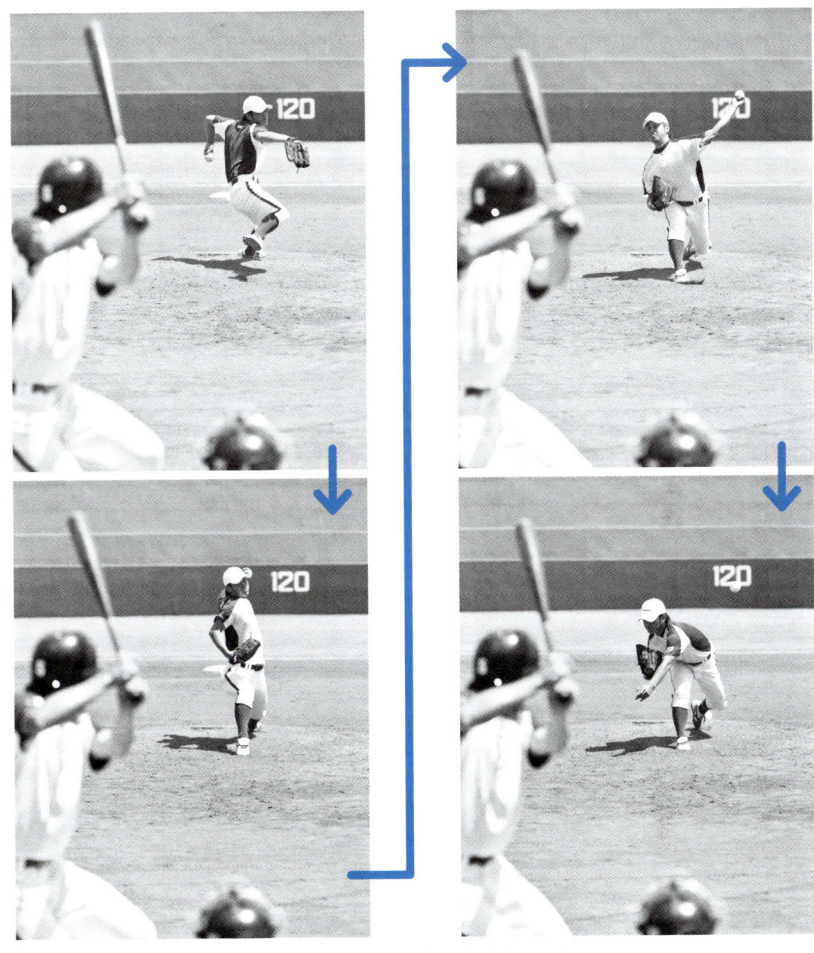

相比内角球，投外角球时肩膀和手臂的旋转都会慢一些。

首先记住正确的投球姿势是最大的前提，其次培养从下半身向上半身传递力量的感觉也很重要。另外，投掷外角球时，腰部要最先开始动作。在此基础上的，减慢腰部的旋转，想象后侧的腰部（对于左手投手来说是左侧腰部，对于右手投手来说是右侧腰部）笔直地向前挺起的感觉，然后再投出球。如果腰部的旋转减缓，肩膀的旋转和手臂举起的动作也会跟着延迟。因此，切勿尝试仅用上半身进行调整。如果用手指尖投球，变成"只用手投球"，投手将无法连续投出好球，球变成曲速球的可能性也很大。

71

投球时不需要考虑任何高度，但是……

控制球的高度时，做错一步都是很危险的。球出手要比平常早。

在比赛中，投手经常以好球区内的低点为主进攻目标。这是因为需要降低风险，尽量减少长打的可能性。然而，将球控制在较低高度是极其困难的。如果是高球，只要像投接球练习一样，将球投到对手胸部高度的位置就可以了，从某种意义上说，投手可以不假思索地投出球。但是对于近地球，投手必须瞄准比投接球练习时低一点的位置。因此，投手通常会先确立控制近地球的目标，并通过持续练习培养这一技能。

然而，在比赛中，投手不仅需要近地球，还需要高球。例如，投手有时会故意投高球，以使击球手意识到球的高度。因为投手很少练习投掷高

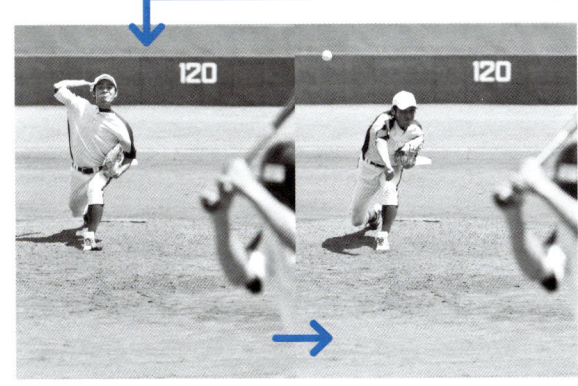

投高球时要注意投球的力量和对球的控制。

一定是一个有效球

球,所以必须注意投球的力量和对球的控制。如果投手没有仔细斟酌就投出球,球可能就会进入好球区,即使不是直线球,也可能只有半吊子的球速,而容易被击球手击中,这是很危险的。

换句话说,投高的球一定得到的是有效球。投手只要用力投球,通常高球的球速应该是最快的,但无论如何都想出局对手时,那就试试比平常早一点让球离手。当然,重要的是要用整个身体来投掷,不要用指尖控球。

投向好球区的四个边角。用身体的力量投球的话，控球力就会变得稳定

注意不要只用指尖去控制好球区的四个边角。用身体控制投球，对球的控制力就会变得更稳定。

通过拓宽好球区的适用范围，可以扰乱击球手的视线。因此，如果投手能控制好球区的四个角，投球范围就会拓宽。此外，"投不投好球"这一想法有局限性，所以出现故意错过好球或者击球手触击得分的可能性也很高。要将球扔到好球区的四个角，最重要的是永远不要只使用指尖控制球。如果这样做，手臂将无法顺利挥动，从而导致所谓的"投出容易被打中的球"，即使投手可以控制球，球的威力也会很弱。但是，如果投手已经熟练地掌握了投球的正确姿势，就能够一遍又一遍地重复相同的动作，球也不会失去控制。仔细看着手套，用肩膀和脚趾确定方向，然后充分地转移体重并绕身体轴心急剧旋转。投手们需要做到可以反复练习以上动作。

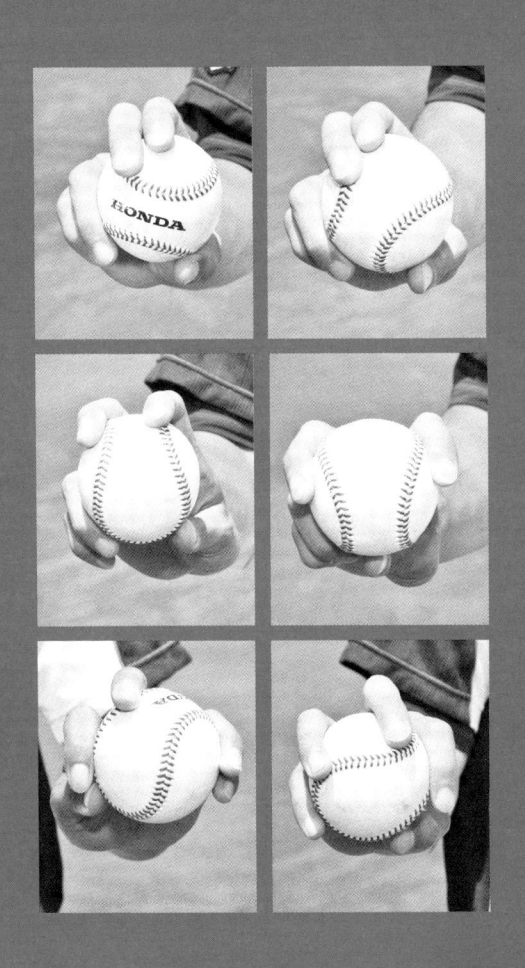

第 2 章
变化球

真正出色的变化球是什么样的球？
适合自己的变化球是什么类型的球？
本章将解答关于变化球的疑问。

1. 什么是好的变化球？

第 1 章
第 2 章
第 3 章
第 4 章

好的变化球并非意味着球路线曲度大。

何种球才能称为好的变化球？是那些高低落差显著的指叉球、大幅垂直下落的曲球，还是那些以刁钻角度向侧边滑动的滑球？或许许多人会认为此类球才是优质的变化球。换言之，他们认为一个优质的变化球＝一个球路弯曲的变化球，并且错误地认为球路的曲度变化越大，就越是一个好的变化球。

诚然，如果球路弯曲程度大，击球手可能极难击中球，但未必意味着这是一个优秀的变化球。例如，即便滑球向击球手的侧面弯曲甚多，但相对而言击球手反倒更容易把控击球时机。抑或投手在投球的瞬间，手臂的摆动减缓，从而明显地暴露"我投的是滑球"，那么此时还能算是一个优秀的变化球吗？即便球投向好球区的边缘区域，也可能被击球手轻易看穿并击中。

同样，即便投手能够投出一个落差极大的指叉球，但球在下落初期就被看穿的话，也难以让击球手挥棒落空。无论变化球的变化幅度有多大，若对击球手无效，就不能称作优秀的变化球。因此，在投掷变化球时，站在击球手的视角去思考是极为重要的。思考击球手如何看待飞过来的变化球比思考变化球本身如何弯曲更为关键。另外，还需留意投球姿势。如果击球手依据投手手臂的摆动便能预测出是变化球，那么投球的威力必然会减半。

换言之，无论变化球的形式多么复杂，如果击球手能够轻松预测或者把握击球时机，那么投球的意义也就荡然无存了。与其说优秀的变化球取决于球路曲度的大小或者球的变化程度，不如说取决于是否令击球手感到"恼火"。

即使是一瞬间，也要让击球手认为这是一个直线球！

投变化球时要站在击球手的角度思考。从这个意义上说，无论是上场前的自由击球练习还是在牛棚的练习时让队友站在击球区，练习投变化球是非常重要的。实际向击球手投球，并询问他们对球的变化程度和投球姿势的意见，是一个好的练习方法。这样就能帮助投手意识到自己平时注意不到，但是击球手能意识到的问题。

如果投手在掌握一个新的投球类型时，试图以追求自我满足感为目标去投掷，他将不可避免地过分追求变幻莫测的投球效果。如果投手能亲眼看到自己投出的球路曲度

很大,他就可能得到"我已经掌握这种投球方式"的满足感。

然而,如果投手过分专注于球路的弯曲程度,导致手臂摆动明显变慢,反而无法投出令击球手"讨厌"的球。相反,如果能以与平常的投球姿势和时机都相同的方式投球,使投出的球在击球手面前突然发生变化,才算是更令人恼火的球。可以肯定地说,这才是在实战中能够派上用场的投球方式。

重要的是投手要利用投球姿势、投球时机和手臂挥动,让击球手在球飞向自己的过程中误认为这个投球是直线球。由于变化球的速度通常比直线球慢,因此结合使用变化球与直线球可以发挥巨大的作用。比起只会投掷变化球的投手,那些在看似直线球的基础上融入球的变化的投手,更容易在比赛场上发挥作用。因为变化球慢于直线球,所以投手一开始的目标就是投变化球的话,被击中的概率就会相应增加。

建议投手的目标是用与投直线球一样的动作挥动手臂,投出能在击球手面前发生变化的球,这才算拥有优秀的控制力的球。

投球时考虑比赛的各类统计。如果自己确信击球手不会击中球,就不要担心球的速度或角度,专注于投出好球。

此外,投手还需要根据比赛的不同情况,适当地使用变化球。当投手能做到这一点时,才能说自己已经掌握了变化球的精髓。

如果是先发投手,就需要投尽可能多的球局。如果发生这种情况,投手把无法将一种投球模式进行到底。例如"第一个投球用平缓的曲球来取得一个好球""时机成熟的话用在击球手面前突然下落的变化球出局对手",那么在使用过一次这种模式之后，就会被击球手看穿。

这就是为什么投手必须掌握区分使用各种投球类型使用时机的能力。投球时考虑坏球数和出局数等情况很重要。例如，如果投手确信"击球手不会击中球"，就可以专注于投掷到好球区以获得好球数，而无需考虑其他细节。换句话说，不需要投球的速度或角度。

另外，如果投手"想用这个球决胜负"时，就需要精确地确定投掷的高度和路线，以及球的速度和角度。因此，即使在练习中，也要认真地考虑各种各样的情况，将自己的想法传达给接手，例如"这里要投出好球""这里要让击球手挥棒落空，所以投一个触地球"，此外确认自己的想法能否实现也很重要。

注意自己的变化。即使身体状态不佳也可以及时调整。

拥有一个可以随时获得好球的球技也很重要。如果自己的投球变化不稳定，想投出好球时，也可能无法自信地投出。所以每位投手都应该掌握至少一种"这个球我可以确保投进好球区！"的投球技巧。

滑球、曲球、变速球……无论投出球的类型是什么，提高对变化球的控制能力，其根本都来自掌握正确的投直线球的姿势。如果能以与投直线球一模一样的姿势投出变化球，不仅可以确保球在身前出手，还可以使球更多变，以迷惑击球手。相反，如果投球的姿势有问题，例如，不充分利用下半身的力量或过度依赖肩膀力量投球，投手将无法控制自己的变化球。因此请务必确认好第1章中的动作检查项目。

另外，提前了解好自己的投球是如何变化的。如果投手知道自己的投球动作能投出什么样的球，即使身体状态不佳，也可以及时处理。例如，如果投手在一场比赛中状态不佳，但意识到了自己的变化球和平常不一样，在这种情况下，只要回想起正确的投球姿势就能够纠正自己的动作。如果感受到球路弯曲过早，那么投球的出手时机就晚一些；如果感受到球的变化不明显，那么投球时就充分挥动手臂。清楚自己变化球的投球姿势的话，投手就能避免投球状态越来越差。

2. 手指短小也没关系！找出适合自己的变化球

对变化球的掌握因人而异，有适合的，也有不适合的。对于自己不擅长的投球技术总是难以提高。

变化球有许多不同的类型，包括曲球、曲速球、滑球、变速球、指叉球、螺旋球、蝴蝶球、切球……如今，能够投出多种不同类型球的高中投手数量有所增加，但并非所有投手都能掌握所有类型的投球技巧。投球类型因人而异，有适合的，也有不适合的。

每个人的手掌大小、手指长短、手指的柔韧性，以及能否大幅度伸展，还有手臂长度，肩关节和肘关节的灵活性都有所不同。这种身体特征的差异，正是导致投球类型因人而异的原因。

此外，投球的变化程度、速度和角度也是因人而异的。投手应根据自己的体格和特点找到适合自己的变化球。

作为参考，重要的是要了解自己的手臂在内旋和外旋方面的优势和劣势。对于右手投手来说，是擅长顺时针旋转的滑球，还是更擅长逆时针旋转的曲速球？能够熟练地切换并运用这两种投球类型的投手其实很少。

举例来说，如果投手明明擅长的是曲速球的旋转，但却一直努力提高滑球的技术，那么将无法有效提高自己的技术。当像这样无法投出所设想的好球，或者投球没有明显的变化时，有的人就会怀疑自己是"没有才能的人"。但这并不意味着这些投手没有能力，只是他们可能还没有掌握适合自己的技能。无论一个投手多么有才华，提高自己不擅长的投球类型的技术都可能面临困难。这就是为什么投手应该首先了解自己擅长的球型。

如果知道了自己擅长的球型就能故意投出让击球手难以击中的球。

了解自己擅长的投球类型可以

2.手指短小也没关系！找出适合自己的变化球

帮助投手扩大投球范围。这是因为投手可以有针对性地磨炼自己擅长的变化球的投球技巧，还可以区分失误投球和"投出坏球也可以"的情况。如果投手擅长投曲球或者滑球，就应该加大练习力度，让它们成为自己的关键球或者胜负球。然后将自己不擅长的曲速球当作故意投出的不让击球手击中的球，只要掌握到"能投"的程度就可以了。

当投手真正站在投手丘上时，就能够思考如何构建自己的投球模式，例如"以投滑球和曲球为主，曲速球要在情况允许的条件下用来取得好球数"。了解适合自己的变化球类型，对于投球技术和投球方式的组合也起到关键的作用。

夹还是扭，手指擅长使用何种方式？即使投手的手指短或僵硬仍然可以投出指叉球！

不仅需要掌握手臂旋转的方向，还需要了解自己是否擅长使用手指。尝试各种握球的方法，例如，使用食指和中指夹持球体的指叉球，或是用指尖控制球路的曲球等。了解自己适合哪种投球方式也很重要。

举个例子，即使是把球夹在手上投球的方式也是因人而异。有些投手能够在球出手的瞬间不向球施加旋转，让球顺势离手；也有些投手在球离手时会稍微轻压球。此外，手掌小、手指短或指关节僵硬的人很难夹住球再投球，因此这些人往往认为自己不能投出指叉球这类的球型。但事实上，即使握球时食指和中指夹不住球，也可以通过其他的握球方式投出相同球路的球。不要因为自己的手小就放弃投掷某种球型，重要的是找到适合自己的投球方式。

用指尖扭转球时，由于食指和中指的长度差异等因素，会容易向施加旋转的方向投出球。因此，投手应通过反复调整来掌握自己的握球方法和球的旋转。

即使不是最高级的变化球也没关系，重要的是与直线球相区分。

投手还应该了解自己是否属于手巧型。手巧的人将能够掌握许多不同类型的变化球，因为他们在出球的最后也能用手指调整球的变化。另外，如果投手的手不是很灵巧，也没有必要强迫自己掌握多种投球方式。最好找到适合自己的变化球。对于手指不灵活的人来说，投曲球是很困难，但投切球就相对容易，因为只需要稍微改变握球的方法，便可以顺利投出切球。总而言之，只需找到适合自己的变化球并不断努力练习就可以了。

但是，无论如何，投手都应该注意如果想学习新的变化球，就要耐心地反复进行投掷练习。有的投手投出10～20个球还没有投出想要的轨迹时就放弃了练习。请继续坚持1～2个月，再决定是否放弃学习。有天赋的选手可能一天就能学会一个变化球，但即使没什么天赋，只要坚持一段时间的练习，也可以学会变化球。

当然，如果投手"用一种球型决出胜负"，球路的角度变化就很重要了。然而在实际比赛中，假设对同一个击球手需要投5个球，变化球的投球次数一般为1~2次。从这个角度来看,并不是所有的投球都必须是一流的。就算是假的变化球,只要能和好球有区别就可以了。想象成在投迷惑击球手的球就可以了,不需要一味地追求投出一招制胜的关键球型。希望投手们能够在比赛时区分投球的方式,并仔细研究投球方式的组合。

3. 投球种类的特征和注意点

■ 直线球

另一个角度

从正面看的握球姿势。食指和中指贴在一起也可以。

从侧面看的握球姿势。不要用整个手掌握住球，球和手掌之间要有间隙。

3.投球种类的特征和注意点

在手掌和球之间留出大约一指宽的距离。如果手紧贴在球上的话,投球时就无法使用手腕。

NG

投手在投球时通过手腕的快速抖动增加球的旋转和速度

　　将食指和中指勾在球缝处,垂直握球来增加球的旋转。一般来说,手指之间留有大约一个手指的宽度,这样比较容易控制球,但握球的感觉因人而异,所以两根手指紧紧贴在一起也是可以的。不过,无论如何,手最好不要握球太紧。在手掌和球之间留出能插入一根手指的空间,手腕就能更加灵活地为球增加旋转和速度。相反,如果手握球太紧,手腕的活动就会受到限制,就无法有效地增加球的旋转和速度。

■ 曲线球

只需要在球上加上回旋，
不需要勉强扭转球

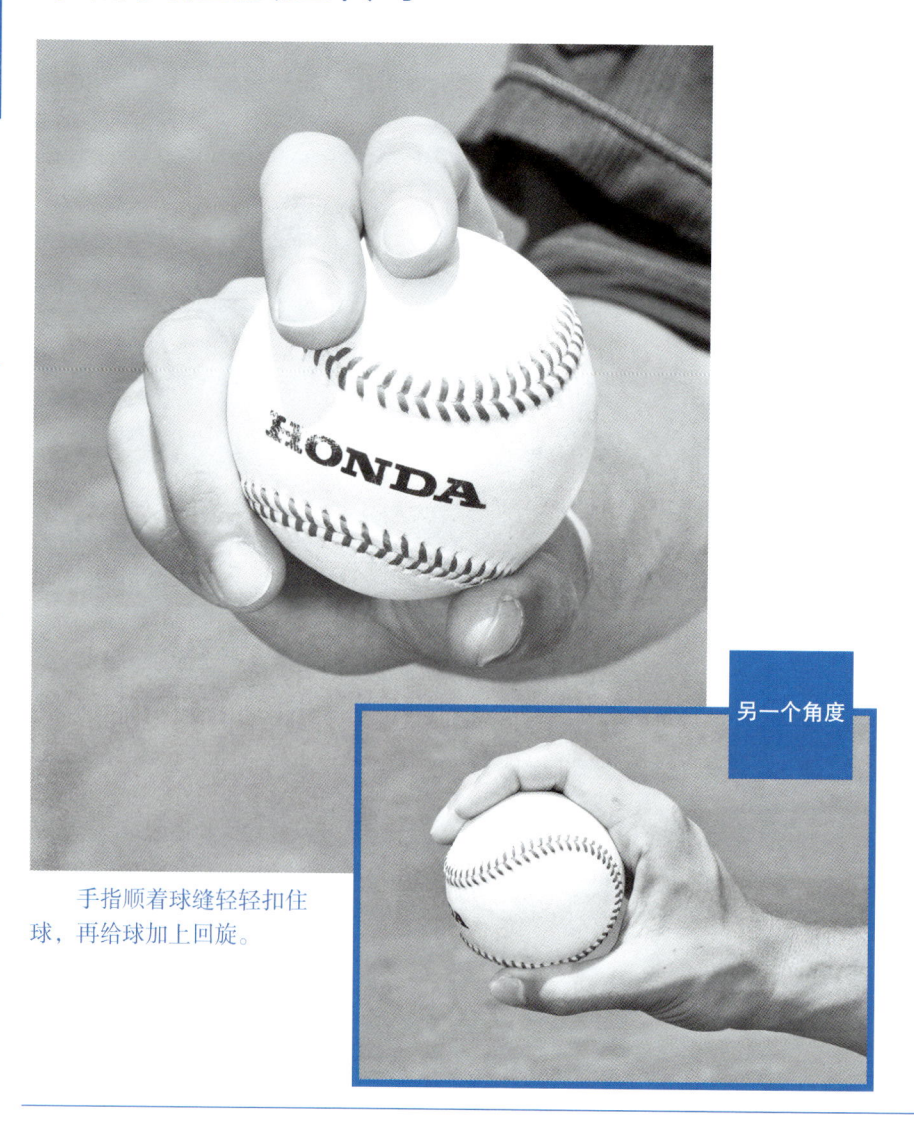

手指顺着球缝轻轻扣住球，再给球加上回旋。

另一个角度

想象用手背投出球路垂直的曲线球将手腕横向扭转给球增加旋转的话，就能投出横向的曲线球

投手投出球速缓慢的球时，球路呈抛物线下落。虽然握球的方式因人而异，但基本原则都是手指沿着球缝扣住球，并给予球一个垂直方向的旋转。

如果投手想投出球路呈垂直状态的球，首先，要确保手臂后摆时球朝二垒的方向。其次，在转动腰部的同时弯曲握球的手腕，将球朝向自己的面部，将球在手背翻转后出手。最后，像关节弹响一样，用食指、中指和拇指"啪"地一下弹出去。

另外，如果投手想投像滑球一样稍微具有横向变化的球，那么在投球时只需转动腰部，不需要弯曲手腕，并且以与投直线球相同的姿势挥动手臂，同时横向扭转手腕给球施加回旋。

总而言之，从认为来球是直线球的击球手的角度来看，球路的巨大变化会让他们陷入球从直线的路径上消失，再突然在他们身前下落的错觉。因为曲线球比直线球的球速要慢，所以曲线球在想要制造球的急缓的时间差时非常有效。

检查！
推荐这类选手使用曲线球

曲线球很难仅靠指尖进行调整，是一种需要扭转手臂和手腕来投的变化球。可以说，曲线球适合手臂摆动柔软的选手，也就是关节灵活的选手。

投曲线球的注意点

如果过于在意曲线球的曲线，就不会很好地挥动手臂。

没有挥动手臂就扭转球是错误的

如果太在意球路的弧度，对球的控制就会不稳定。

曲线球是所有变化球中最需要手臂和手腕扭转的投球类型。因此，想要掌握比指尖调整的投球方式更细微的控球技术是非常困难的。并且手臂或手腕的扭转力量越大，球的变化就会越大。但希望投手不要过分纠结于扭转的程度。

话虽如此，当投手投变化球时，必然会使用全身的力量，投直线球也是如此。但是如果过于在意"球路弯曲""让球的变化更大"，投手的面部就会朝向外侧，从而导致身体伸展过早，手臂也会远离身体，球也不会在身体前出手。

如果球不在身前出手，球的变化就很小，而且会变得很难控制。所以要确保充分地挥动手臂，记住球出手的感觉。关键是想象"仅对球施加旋转"的感觉。即使手臂没有摆动，也不要仅用手指尖去扭转球。

■ 滑球

投滑球的感觉和
直线球是一样的

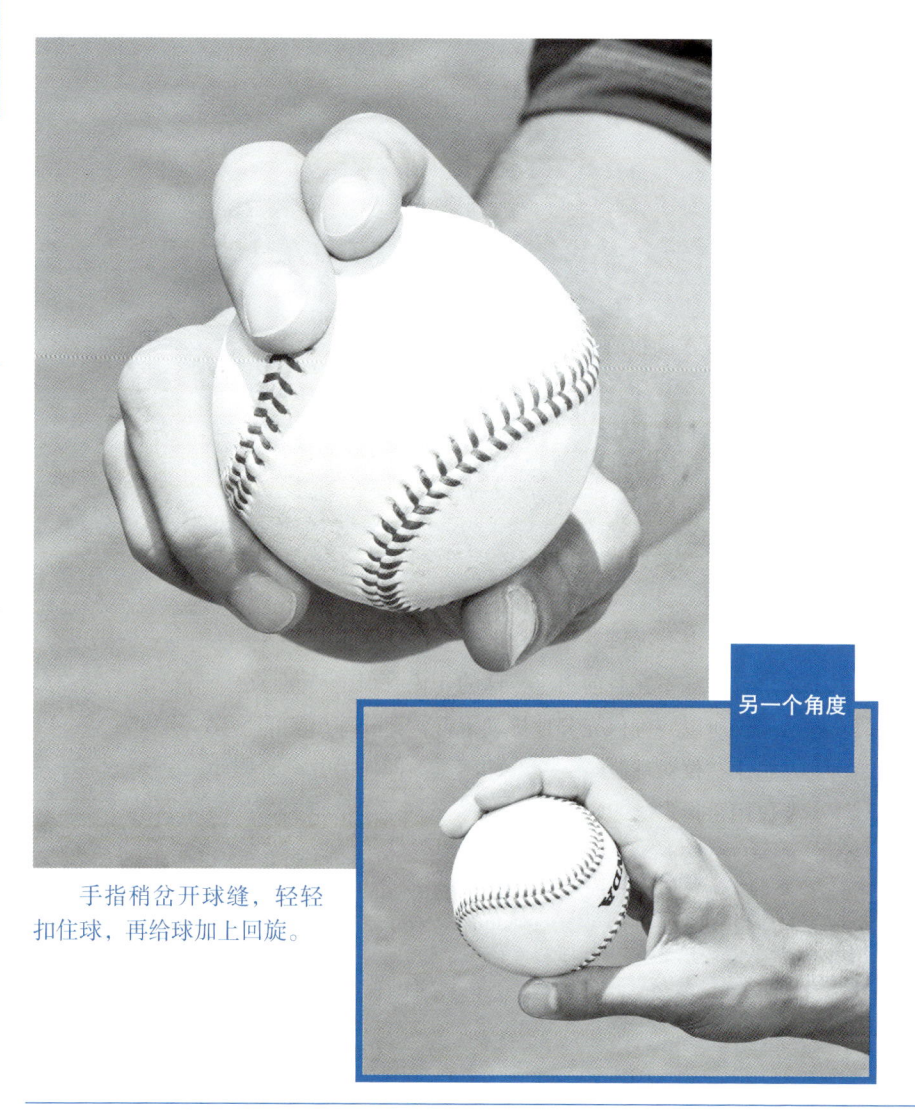

另一个角度

手指稍岔开球缝，轻轻
扣住球，再给球加上回旋。

滑球比直线球稍微横向滑出
投球姿势和投直线球相同

对于右手投手来说，理想的滑球效果是在直线轨迹上向左急剧弯曲。从右手击球手的角度来看，这像是一个向外侧跑掉的球。

投滑球时，要有一种将直线球稍微横向滑出去的感觉。为此，握球的方法要与直线球的握法稍有不同：手指在球上的位置需要稍微岔开，握球时手指要与球缝有些角度，这样就更容易给球增加旋转。

但投球方式与直线球的投球方式基本一致。关键是球的旋转轴需要稍微朝横向倾斜。最后，要用中指指尖给球施加力度。手臂摆动也与直线球相同，不是扭转手腕，而是用指尖滑动球。因此，实现投球达到一定速度，球路再产生弯曲的效果。如果自己的球变化不大，请尝试自己调整握法，找到更容易投出滑球的握法。

检查！
推荐这类选手使用滑球

滑球是一种相对容易投掷的球型，因为投手只需用指尖便可让球发生变化。如果投手对自己的直线球有信心的话，建议这样的投手在投直线球的动作基础上，再通过指尖让球发生变化。但是，请注意不要过于在意球的变化，因为这样会导致投球时出现手臂没有摆动的情况。

投滑球的注意点

与原本的投球姿势不同,要注意手肘的位置不要降低。

> **投手如果专注于滑球本身,那么肘部容易下沉;如果用手指尖投掷,那么投球姿势会走形**

正因为滑球是只需要用手指尖便可进行调整的投球方式,所以在投掷时更容易偷懒。

　　投手投滑球时最应该注意的是对球的控制力。滑球是可以用指尖调整的投球类型,所以相较于其他投球类型容易投掷,但是如果投球时不自觉迟缓地挥动手臂,就容易投出让击球手容易击中的球,被打出长打的可能性就会变大。
　　另外,如果过于刻意地用手指尖进行调整,投球姿势就很容易变形。需要投手特别注意的是,投球时不要让肘部下垂。投手以正确的投球方式投球的话就没有问题,但如果连续投滑球,球横向滑动的感觉不知不觉间就会变强,身体也会开始横向扭转,肘部就会经常下垂。如果发生这种情况,投手会逐渐变得无法顺利地摆动手臂,还会对投好球产生负面影响。投滑球就像投直线球,手臂应从上方给球施加力量。请不要忘记这样的投球的感觉。

■ 曲速球

向外侧施加回旋一样握住球

向外侧施加回旋一样握住球。

另一个角度

投曲速球的感觉和直线球相同
不用刻意去尝试投曲速球
球路自然会产生弧度

对于右手投手来说，曲速球是从直线轨迹急剧向右侧弯曲的投球类型。换句话说，对于右手击球手来说，就是飞向内角的球，也是飞离左手击球手身体的球，但球的变化没有滑球那么明显。

投曲速球的感觉与投直线球基本相同。出球点要确定保持在身体前面，在做投球动作时，握球方式是从一开始就给球向外施加旋转，所以相当于给直线球施加了一点旋转。只要感受到利用手臂的外旋给球施加旋转，即使不用考虑球路的弯曲度，球也会自然而然地飞出弧度，重要的是不要强硬地扭转自己的身体。

投手掌握了曲速球的投球方法后，就会让击球手误判为球是"直线球"而挥棒，从而给击球手施加压力。但是旋转缓慢且威力小的曲速球是很容易被打出长打的，因此投曲速球时要牢记给球施加足够的旋转。

检查！
推荐这类选手使用曲速球

曲速球的变化程度并不明显，所以很难说是否对击球手的挥空棒有效。但是即使不刻意去制造弯曲的球路，握球的方式也会从一开始就给球向外的旋转，所以只要确保在身体前出球，球路就会弯曲。可以说即使身体活动不灵巧，曲速球也是一种能轻松使用的变化球。

投曲速球的注意点

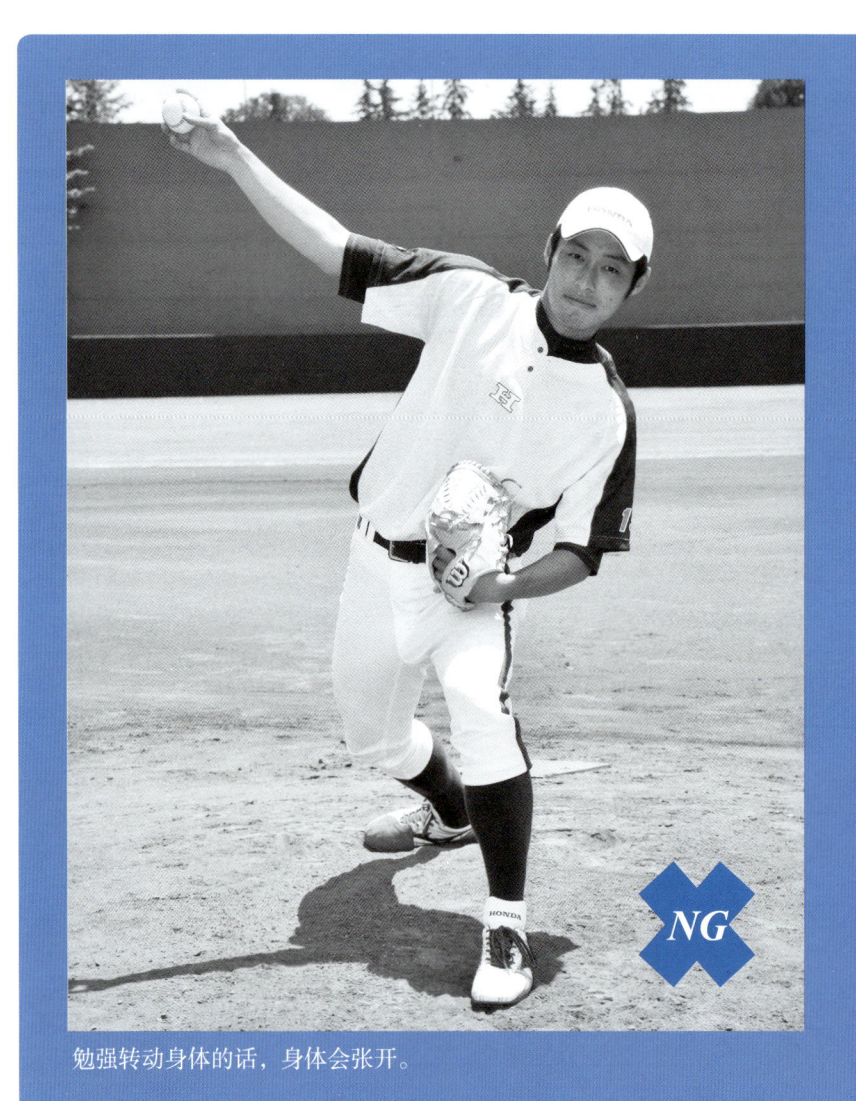

勉强转动身体的话，身体会张开。

如果勉强扭转身体，身体的轴就会弯曲

当身体展开时，控球力就会变得更差。长时间持球会改善这一点。

投手投曲速球时最常见的陷阱是过多考虑"投出的球要有足够的弧度"或"球路要足够的刁钻"，导致身体展开。这样做的话，即使投到好球区，球的变化可能也不明显，而如果球路弯曲过大，控球力就会下降。这不仅难以投出好球，还有可能增加投出触身球的风险。

此外，如果过分追求球的变化程度，可能导致投球时身体的轴发生弯曲。正如第62页介绍的那样，投球时不知不觉加入了曲速球的旋转，这是一个需要改善的问题。但是投曲速球时要特意加上对球的控制，所以在掌握了正确的投球姿势的基础上，再调整球的变化是非常重要的。投曲速球的关键点在于与直线球相比，持球时间要更长，球出手时机要更晚，可以想象成从上向下挥动手臂。采用这种方法投球，球的变化反而会更明显。

■ 指叉球

在投球练习中
掌握出手的技巧

另一个角度

指叉球需要两根手指夹住球并投球，所以对于手指短和关节硬的人来说很难。

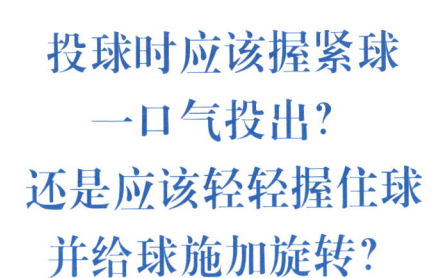

投球时应该握紧球一口气投出？还是应该轻轻握住球并给球施加旋转？

指叉球是一种从直线轨迹突然垂直落下的投球类型。握球方法是用两根手指夹住球。对于手指短、关节僵硬或握力弱的选手来说，投掷指叉球可能会很困难。指叉球的投球姿势和投直线球相同，手臂用力垂直向下挥动，最后出手时手指要从上到下离开球。注意手臂的摆动幅度不要太小。

指叉球需要从手指之间出球，所以是一个非常难控制的投球方式。重要的是要用力地投出去，并记住手指在出球时的感觉。手臂摆动的速度也是因人而异，所以要通过实践找到适合自己的投球感觉，例如，尝试"紧握住球后一口气投出去"或者"轻轻握住球，在出手的瞬间给球加一点旋转"。

检查！
推荐这类选手使用指叉球

指叉球是一种用两根手指握球的投球方式，不适合手掌小、手指短的选手。另外，对关节僵硬而无法张开手指的选手也不太合适。相反，对于手指较长或关节灵活且易于张开的选手来说，指叉球是一种非常容易投掷的变化球。

■ 螺旋球

对于想要制造内场地滚球的
左手投手来说是有效的特殊球型

另一个角度

像变速球的握法一样，拇指和食指形成一个圈，用中指和无名指夹住球。

螺旋球比下坠球更慢
下落幅度更大
在外侧给球施加旋转后出手

　　螺旋球是左手投手特有的，一边向外侧旋转一边下落的投球类型。螺旋球类似于下坠球，右手投手给球侧向旋转的力量，并让球在击球手的手边下落，但螺旋球的球速较慢且变化范围更大。它常用于瞄准右手击球手的外角，或者在希望打出内场地滚球，以及让击球手打出普通击球时使用。从击球手的角度来看，螺旋球会在身体前下落并且难以击中，只能"干着急"。

　　投掷螺旋球的感觉类似于变速球，但变速球的旋转很慢，球的威力也不大。螺旋球是在外侧给球施加旋转后出球，投球时要记住向低处投球。

检查！
推荐这类选手使用螺旋球

　　螺旋球有多种握持方法，但由于其独特的握球方式，只推荐给手指关节灵活的选手。如果在掌握握球方式上花费了过多的时间，就要留意是否自己的变化球只能扔出这样的程度。

■ 变速球

有各种各样的握球方法
也可以用力抓住球

另一个角度

就是一般常说的"Circle Change"的握法（手指围成一个类似圆圈的形状）。用拇指和食指做出一个"OK"的手势。

感觉像球滑落一样
用手指的第二关节投球

变速球是投手猛烈地挥动手臂，缓慢落下的投球类型。变速球与直线球在球速上存在差异。变速球通过球的急缓变化，打乱击球手挥棒的时机，是一种能够有效让击球手挥棒落空的投球方式。握球方法因人而异，也可以随意抓球来投球。照片展示的是叫作"Circle Change"的握法，即用手指做出"OK"手势的握法。

此外，变速球的出手时机也是因人而异的。与投直线球一样，投手猛烈地挥动手臂，在球出手时故意减少球的旋转，给人一种球是滑出去的错觉。投球时有些选手可能会让手掌全部向外翻转，有些选手则只用中指、无名指和小拇指投球。不过，无论具体手法如何变化，投球的基本要点都是用手指的第二关节投出球。

检查！
推荐这类选手使用变速球

变速球是一种看似为直线球，但利用球速的差异使击球手挥棒落空的球。其握球方法本身没有固定，因此受手的大小和关节灵活性的影响会小些。只要手臂能充分挥动，即使是手掌小、手指短的选手也可以成功地投出变速球。

投掷变速球的注意点

投掷时过于谨慎的话,手臂的摆动就会变得有顾虑

变速球是一种旨在让对手误以为是缓慢的直线球的投球类型。变速球的投球动作和投直线球的动作相同,但球的旋转减少,所以球会下落,以此诱导击球手因焦急而提前挥棒。因此,绝对不能让击球手看穿投手的投球动作。

希望投手特别注意不要过于在意对球的控制,以免因过分谨慎而投出容易被击球手击中的球。如果手臂挥动稍有迟缓,就会被击球手看穿"这是一个变速球",投出的球也可能会成为一个缓慢的直线球。重点是如何快速挥动手臂,并尽可能让球在身体前出手。

NG

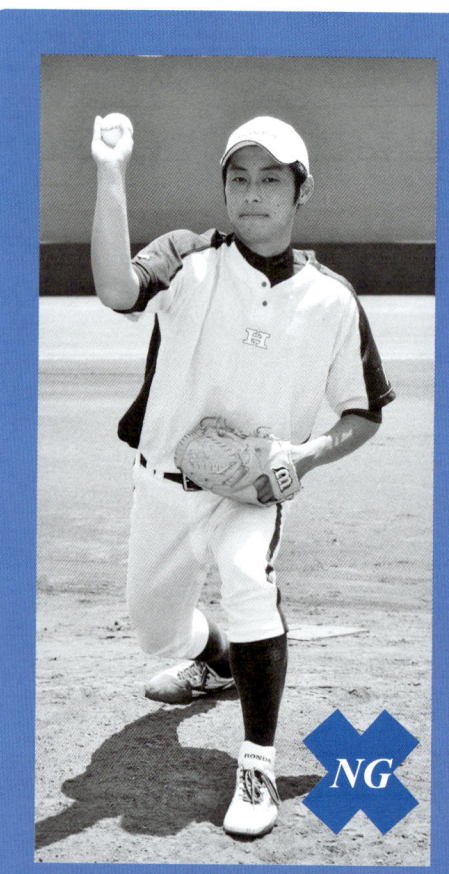

如果不以和投直线球相同的姿势去挥动手臂的话,变速球就没有意义。

第3章
只会投球的人
并不能叫作投手

投手被称为第9名守场员。投手不能只会投球。本章将介绍牵制、快速投球和防守动作的技巧。

1. 牵制

●左手投手对一垒的牵制 ❶
（右手投手对三垒的牵制）

最少要掌握 3 种牵制类型

一边观察跑垒者，一边进行牵制

　　重要的是至少掌握 3 种不同的模式来对一垒或三垒进行牵制。第一种是慢慢抬起脚，然后向一垒迈出并投掷。重要的是前脚不要向轴心脚交叉。从一垒手的角度来看，比起观察轴心脚，他会观察投手朝向二垒方向的前脚，误以为投手有向本垒投掷的意图，如果这时向一垒投球，就会成为投手犯规。这种试探跑垒员动向的牵制即使没有让对手出局也没关系。

●左手投手对一垒的牵制 ❷

动作被看穿也没关系但一定要快

让跑垒者警戒的牵制

　　第二种是快速后撤轴心脚,并用上半身快速投球。投出这个球的目的可以是"将对手出局",也可以是警告跑垒者。如果投球动作做得太快导致最终传球失误是没有意义的,所以要小心,不要想当然地传球。虽然说是快速投球,但如果仅用上半身投掷,是无法控制好球的,所以也要保证将力量从下半身转移到上半身。最后还要保证能够灵活地使用膝关节。

●左手投手对一垒的牵制 ❸

感觉"机会来了"的时候所使用的必杀技！做出让人误以为"投向本垒"的动作，其实这是投向一垒的球

想让对手出局时把球握得更久

第三种则是杀手锏。慢慢抬起脚,让对手误以为是要投向本垒,其实是向一垒投球。最重要的是让跑垒者自始至终都误认为投手是"投向本垒"的。所以投手投球的动作到中途为止,与投向本垒时的动作都要相同。与第一个牵制的区别在于,投手可以将重量保持在轴心脚上的时间。使用轴心脚的膝关节限制想要转移身体重心的动作。最后,快速投向一垒。请注意,如果投手稍微朝向本垒方向一点,则表示投手打算投向本垒,这时再投向一垒的话会造成投手犯规。

这种牵制不是说越快越好。重要的不是速度,而是维持到最后一刻的动作。当投手想让对方出局时,最好通过延长持球时间使跑垒者焦急。当跑垒者看到盗垒的信号时,可能会等不及要行动。另外,最好不要与跑垒者进行目光交流。如果与跑垒者对上眼神,即使没有进行牵制,跑垒者也会保持警惕,但如果不与跑垒者进行眼神交流,他们就可能会犹豫。

●右手投手对一垒的牵制 ❶

缓慢地向后撤一步进行牵制

右手投手很难看到一垒的跑垒员，因此需要缓慢地从投手板后撤观察场上情况。

试探跑垒者动向进行牵制

即使是右手投手，也需要掌握至少 3 种不同的模式来牵制一垒。第一种是将轴心脚缓慢地移到投手板后面（朝向二垒），并用力将前脚迈向一垒来投球。这是为了试探跑垒者面对投球有什么样的动向。

●右手投手对一垒的牵制 ❷
快速离开投手板进行牵制

如果让对手产生警惕,即使无法令跑垒员出局,也能把跑垒员困在垒包上。

1. 牵制

> 尽快把腿向后撤以进行牵制

腿部动作被人看穿也没关系

　　第二种是快速牵制。投手的轴心脚不是朝向二垒的，而是以身体为轴在原地快速旋转并投球（参见第114页的照片）。为了旋转得更加容易，轴心脚可以稍有一些在身体后面被拉着的感觉。但是这种牵制并不一定意味着身体必须就地旋转，也可以将轴心脚撤到投手板后面。与前文所述的牵制❶相同，需要快速后撤轴心脚（参见第115页的照片）。无论如何，都与之前的牵制一样，需要确保前脚结实地迈向一垒。这时投手投球的目的是"让对手出局"，即使没能让对手出局，也能起到警告跑垒者的作用，让跑垒者不敢随便离开垒包。杀手锏需要隐藏起来，所以不用担心脚部动作被看穿。关键是要通过制造与之前牵制的落差，让跑垒者知道"还有快速牵制的战术"。

●右手投手对一垒的牵制 ❸

"就是现在"的必杀技！
同时使用腿部・肩部・腰部

轴心脚不要后撤，保持原来的姿势，转身把球投向一垒。

高举手套并长时间握球

第三种是让跑垒者一瞬间出局的杀手锏。这种牵制需要投手持球的时间稍作延长，轴心脚不需要后撤一步，而是应在原地一口气快速旋转，把球迅速地投向一垒。有些投手会有从脚开始或从肩部开始行动的习惯，但从身体任何地方开始行动都有可能被看穿，所以尽量同时旋转你的脚部、腰部和肩部。想象保持着身体一个平面，迅速转至一垒方向。此外，投手从一开始就将手套举高，就可以在保持手臂高度的情况下旋转身体并投球，这样可以节省很多做多余动作的时间。

●对二垒的牵制 ❶

以 6：4 的比例将体重转移到后脚上并旋转身体

以 6：4 的比例将身体重心转移到后脚上。

如果重心偏高，身体转动会变得不顺畅

投手需要迅速将轴心脚移出投手板，一口气将身体转向二垒，将球投出去。为了确保身体转动顺畅，关键在于在做投球准备动作时合理分配重心。如果投手的重心偏高，将影响身体的顺利旋转。所以最好将身体的重心下移，使重心稍微落在后腿上，重心分配比例约为6∶4（后腿上的重心为4）。然后，轴心脚应在一个便于身体旋转的位置着地。请通过不断练习去掌握这种感觉。

● 对二垒的牵制 ❶ 重点

转身时要注意迈出脚不要和另一只脚形成交叉姿势

左手投手和右手投手对二垒的牵制基本一致。要注意转身时，如果前脚和后脚交叉的话容易传出坏球。

注意双腿稍微向外张开

理想情况下，投手的前脚应该迈向二垒，但身体的旋转容易使双脚交叉，动作变得拘谨，所以最好有意识地将双脚稍微向外侧张开。如果投手双脚呈交叉状态，手臂就不会平稳地摆动，可能会导致投球失误。通过稍微向外张开双脚，就可以充分利用身体的旋转来投球。

●对二垒的牵制 ❷ 对于右手投手

与投球姿势相同，抬起脚后反方向旋转

旋转轴心脚，并保证前脚结实地向二垒方向迈出。

用膝关节打持久战
并减缓重心转移

慢慢抬起腿，向相反方向旋转，然后投球。旋转自己的轴心脚，前脚扎实地迈向二垒。投手如果不保持身体轴线挺直，将无法顺利转身。与第110页左手投手牵制一垒的杀手锏的动作相同，即使投手抬起脚，也要尽量做出让对手误认为自己要"投向本垒"的动作。重要的是要使用膝关节来尽可能地打持久战并减缓重心的转移。

●对二垒的牵制 ❷ 对于左手投手

左手投手的情况和右手投手相反，和守场员协调合作也很重要

1. 牵制

牵制的熟练掌握需要多次练习

事实上无论什么模式的牵制，练习的频次越高，越能熟练地掌握。如果只专注于在比赛中三振击球手，那么往往会忽视使用牵制的战术。然而，通过有效牵制来警告跑垒者，就可以很容易地改变比赛的走向，还可以使投手一想到只要"牵制对手"，就会为自己增加"即使出现跑垒者也没关系"这样的投球的底气。这就是希望投手不断努力去进行牵制的原因。

就像投球的动作一样，要慢慢抬起脚之后再进行牵制。左手投手的情况与上文右手投手的情况完全相反。同时，与守垒的外场手的协调也很重要，因此，需要通过练习获得掌握时机的感觉。

2. 快速投球

●快速转换 ❶

如果抬脚过高速度就会减慢，快速动作时脚要落在原地再向前迈步

弯曲膝关节就可以制造身体的高低差。

即使投球的威力下降也没关系，要给对手留下快速行动的印象

　　快速投球（以下简称快投）是一种加快投球动作来防止跑垒者盗垒的方法。如果投手在投球时前脚抬得太高，就必然需要更多时间放下脚，这自然会使投球动作减慢。因此，快投就是省略了"慢慢抬起腿"的动作。快投是用于提防跑垒者的方法，如果球被击球手击中，那么快投就没有意义。因此快投最好以投向好球区之外的地方为前提，与普通的投球区分开。重要的是让跑垒者警戒投手快投的可能性。如果投手过于专注球的速度、锐度和精细控制，最终往往会导致急于投球，使投球姿势走形并产生相反的效果。因此，要做好投球威力下降的准备。在一场比赛中只会使用几次而已。

　　有一种快投方法是投球时不要抬腿，而是弯曲膝关节以产生高度差，然后在原地将重心向前移动。

●快速投球❷
利用扭腰产生的力量简单高效地投球

如果脚很难立刻落地的话，就扭转腰部。

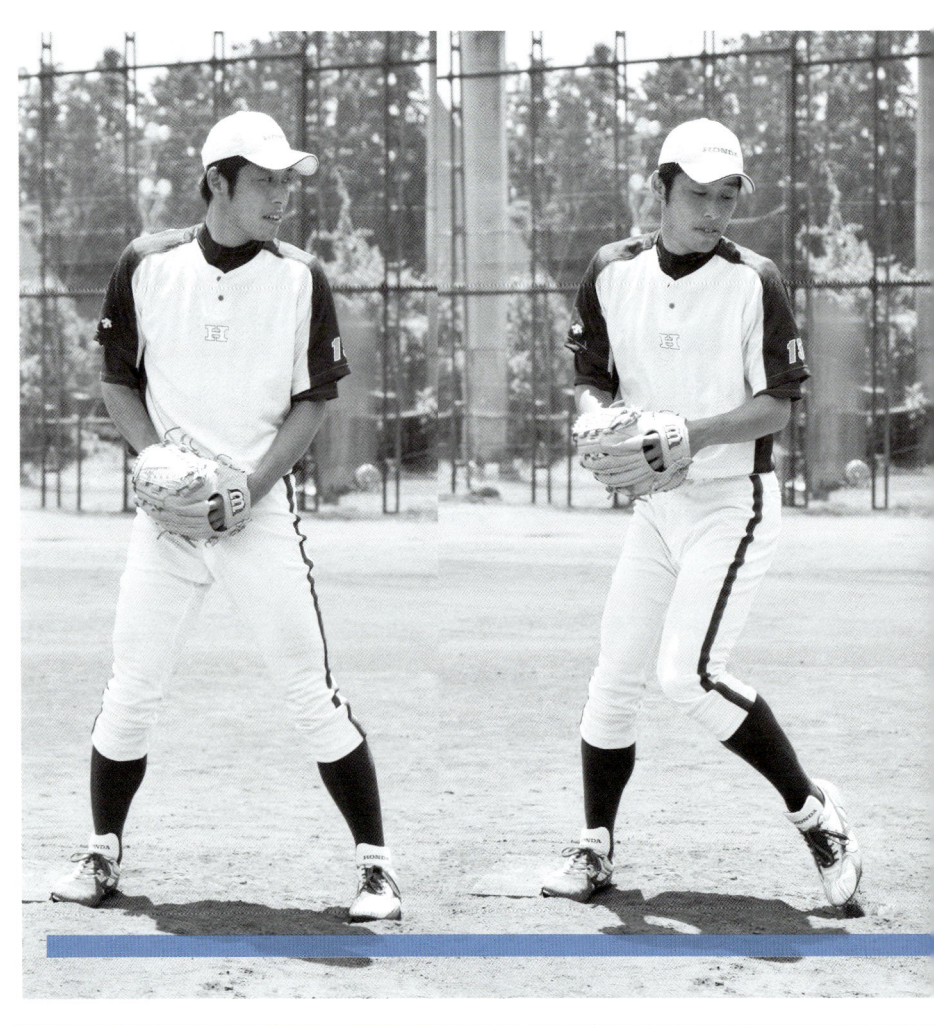

128

一瞬间将腰部扭向
二垒再开始投球

如果投手不能顺利地将脚落回原地，最好在投掷之前一瞬间将腰部扭向二垒方向。通过扭转腰部转移身体重心，身体扭转的力量可以使投球的姿势更加自然并提高投球效率。

3. 防守动作

●投手投完球之后立刻变为第 9 名守场员

OK

投球时要将脚尖朝向本垒

投手完成投球后，必须作为第 9 名守场员进行后续行动。当然，如果投手能在参与防守时令前面的跑垒者出局，就可以防止比赛危机扩大。因此，投手也需要好好学习防守动作。

当处理触击等击球战术时，快速行动是非常重要的，同时，以正确的方式接球并准确地传球也很重要。

关键是要做好投球之后能够顺利进行下一个动作的准备。如果身体掌握了第一章中介绍的"L 形的重心转移"动作，身体的重心自然会变低。然后，快速跑到击球的落地点，稳定好重心后再接球。

在腰部高度接球，或者动作不完整的传球都是错误的

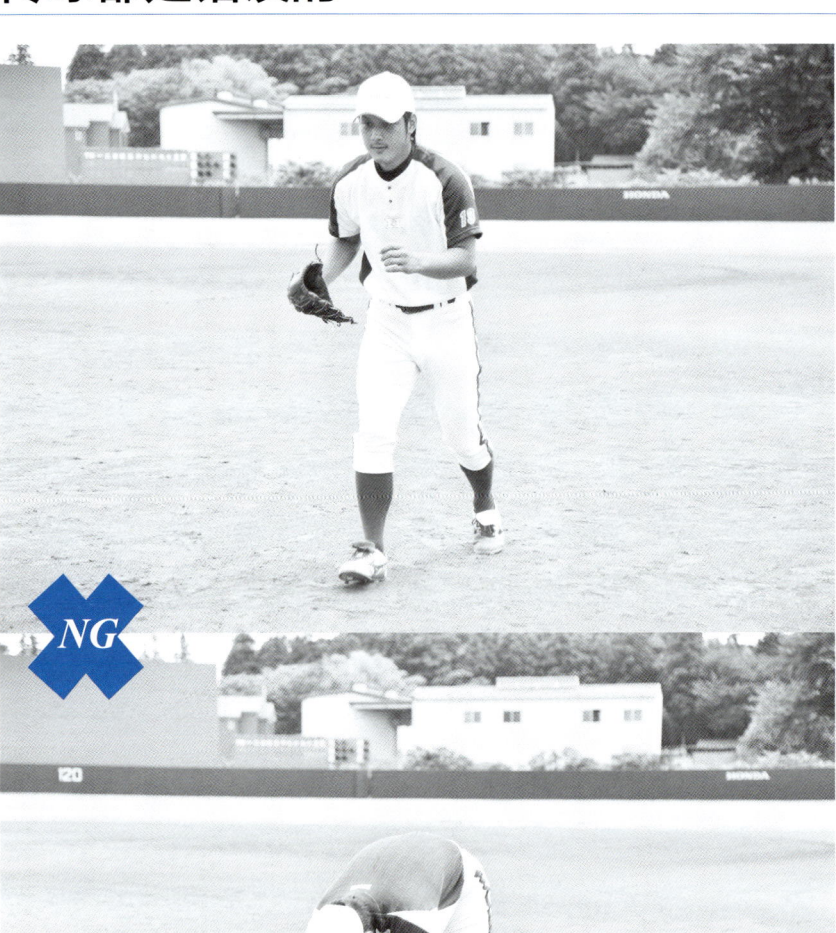

3. 防守动作

　　如果膝关节弯曲不够、腰部位置偏高，或者只用上半身接球而没有张开双脚，那么接下来的传球就可能会不稳定。接球后，与牵制相同，前脚朝投球的方向或稍微偏离的方向迈出。两侧肩膀平行，将身体的重心转移到迈出脚之后再传球。

NG

传向二垒的要点就是要迈出扎实的一步

肩膀抬得过高的话就无法控制好投球。

134

3. 防守动作

　　由于到二垒的距离很长，保持双臂的位置平行，并将身体的重心转移的力量放在投球上是很重要的。需要的不是"我只要投球就可以了"，而是在投球的同时考虑接球球员的心理准备。想要快速投球的话，要注意不要只用手指投球。

OK

到二垒的距离很远，所以需要迈出扎实的一步。

135

如果传向三垒的球失误的话，就会立刻丢掉比分

如果大踏步接球的话，身体重心会变得不稳定，就会容易丢球。

NG

3.防守动作

处理触击时，会有很多需要将球传到身体后侧的情况，所以如果投手全力冲刺，将无法抵抗惯性，从而无法顺利地转身。因此，步幅的大小需要考虑投球时重心的转移，跑步的速度也要调节快慢。不要总是大跨步地接球，要小步地迈出最后几步，步伐要配合击球，保证用把球包围起来的姿势接。传向三垒的球如果是暴投就会立刻使对手得分，所以，在投球前一定要完全转变身体方向再出手。

OK

步幅配合飞来的球，身体完全转向三垒再投球。

补位：
如果球飞到投手的左侧位置
就跑去掩护一垒

1 如果球飞到自己的左侧，请先跑到一垒做掩护。
2 跑向一垒垒包时，密切关注守场员的动向。
3 与守场员防守传球的时机相配合。
4 在垒包前接住球。
5 牢牢地接住球，然后上垒。
6 看清垒包位置再踩上去。
7 如果先接住球，就不会踩空垒包。
8 踩上垒包后，选择偏左侧的前进路线，以避免与跑垒者相撞。

3.防守动作

投手基本上应对打到一垒方向的球有所行动。如果投手有能力自己接住球，就可以直接处理这一局面。如果交给守场员，那就要求投手快速对一垒进行补垒防守。

在进行补垒防守时，重要的是尽量跑最短的路线，以便快速到达垒包。如果可以的话，最好尽快向守场员发出信号，确保先接住球，再上垒包。

有的选手经常想在踩上垒包的同时接住球。当然，在时间紧迫的情况下，采取这种行动是不可避免的。然而，如果选手先接球再跑上垒包的话，将100%确定可以踩上垒包。但如果同时进行这两个动作，选手很可能会分心于同时思考这两个动作，而踩到垒包的一角，从而增加脚踝受伤的风险。为了避免这种受伤风险，希望选手们能够在时间允许的情况下考虑先接住球。

4. 投手板的使用方法

如果轴心脚不稳定的话，将无法投出强力的球。将钉鞋上的鞋钉钩住投手板很重要

希望投手能充分利用投手板。一般来说，投球的基本站姿是将轴心脚与投手板平行。然而，这样做的话，有不少选手的轴心脚会打滑。身体重心的转移会从轴心脚开始发力，如果轴心脚不稳定，将无法投出强有力的球，并且球可能会改变方向。因此，需要将轴心脚的鞋钉朝向投手板埋入地下的部分，并牢牢地钩住投手板。

如果投手丘上的土壤坚硬，投手的轴心脚很容易就能钩住投手板，但随着比赛的进行，土地被踩松后，轴心脚容易不稳定。在这种情况下，请尝试仅将脚尖最外侧的鞋钉轻轻地钩在投手板上。虽然这样会使轴心脚稍倾斜，但这会给投手带来一种稳定的感觉。当然，尽量找一块土壤坚硬的地方，尝试改变投球时的站位也很重要。

此外，投手还可以利用投手板内的左右宽度。只要脚趾或脚后跟不超出投手板的边缘，投手就可以在板内左右移动。例如，当左手投手与右手击球手比赛时，投手的攻击基本上会集中在好球区的内角上。这时投球，把轴心脚踏在靠近一垒一侧位置上，对击球手来说，投球的角度变化会更大。

如果将脚尖最外侧部分的鞋钉轻轻地钩住投手板，姿势会更稳定。

第 4 章
什么是投手？

本章之前，都是以投球技术为中心，解释投手的相关事宜的，第 4 章将说明作为投手的心得。
如何按照自己的节奏进行投球？
什么是"完投"的必要条件？
有利于投手的"间隔"是什么"间隔"？
本章将解释说明各种各样的疑问。

1. 心理活动和思考方式

问题 1 开始的第 1 投到第 3 投效果很差

▼

解决方法 准备好让自己冷静的要素前往投手丘

对投手来说，比赛的第 1 次投球到第 3 次投球至关重要。如果第 1 次投球就被击中或者连续投出 4 个坏球，比赛的主导权就会落入对手手中。开始的 3 次投球状态很差的人也有很多。然而，令人惊讶的是，比赛到了中间阶段，投手的状态又恢复了。

前 3 次投球状态很差这一情况，很大程度上与心理健康有关。可能是投手在投球练习中状态就很差，并且会想得太多。或者，投手过于认同"第 1 次投球很重要"这一想法，产生了紧张感而变得过于谨慎。以这种状态去投手丘，将无法发挥出自己真正的能力。为了

防止这种情况发生，重要的是要在投球之前了解自己的实力，并考虑需要投多少球才能达到平常的水平。如果投手"想要成为优秀的投手"的欲望太强烈，自己的期待就会变得过高，最终只会变成喊口号。换句话说，投手最终会尝试以"120%"，而不是 100% 的力量去投球。如果自己的想象和现实的动作相差甚远，投球就会变形。所以，要了解自己当天的状态并尽力而为，以"只做需要做的事情"的心态来处理投球。

不言而喻，准备工作非常重要。经常有投手会认为：如果我在比赛开始前在牛棚多投几个球，

1. 心理活动和思考方式

在第 1 投就能更好地控制球。因此，需要提前知道自己要投多少球才能完成肩部的热身。为此，在日常练习中需要投够一定数量的球。在训练中只投了大约 50 球的投手，是不会知道适合自己的投球数量的。另外，在比赛当天，根据自己的状态提前与接手沟通和讨论也很重要。例如，将这些信息和接手沟通并确定好：今天投这个球的感觉很好，所以我们以这个球为中心进攻吧！即使状态不佳时也可以说，"今天的状态不太好，总之只能以这个状态去投球了"，这样，脑内思考的事情就会变得具体化。相反，如果考虑过多的事情，将会无法集中注意力。

在比赛期间，尽可能准备好，让自己冷静放松下来再去投手丘是非常重要的，即做好一切可以做的准备，并拥有"我已经尽我所能"的自信。以这种方式使头脑清醒，就可以在投手丘上自由投球，而不会有其他多余的想法。纵使还是会有被击中的可能性，但至少不会到达"紧张到无法投球"的地步。

问题2 无法进入自己的节奏

解决方法 将所有精力集中在第1个击球手上

为了在比赛中掌握自己的节奏，最初的3个投球非常重要。正如之前提到的，投球前要尽可能地做好准备并充满"我已经尽我所能"的自信。

然后，最值得关注的是第1局的第1个击球手。首先，请全力以赴地对战第1个击球手。这是因为第1个击球手的第1次击球对于对手的进攻阵容来说极其重要。是决定性击球，还是普通击球？而且，即使击球出界了，对方球队也会根据是用球棒的击球面击中，还是完全错失挥棒时机而勉强击中球来判断出投手的实力。从第2个击球手开始，击球手们会在候场区判断投手的状态，并想象着投球的模样上场。正因如此，投手需要投出自己最好的一球。如果可以三振出局对手，第1个击球手回到候场区时，会告诉队友诸如"今天投手的状态不错""控球力很好"或"比想象中难打"之类的信息。这对对方球队来说是一个威胁。

另外，如果投出的球被完美击中，可能会导致自己乃至整个球队丧失斗志，对手将会主导比赛形势。所以希望投手以"这一局将决定比赛走向"的心态去投球。当然，如果球被击中，也要及时调节情绪。

问题 3 出现跑垒员时会变得焦虑

解决方法 不要在比赛中自我反省，不要在意内场和外场之间的安打或内场安打

之前已提过，了解自己的实力很重要，也希望投手带着"我的实力更强"的想法进行比赛。如果内心试图与击球手平起平坐，难免会产生退缩的心态、感到畏惧，身体动作就会变得僵硬。如果带着积极竞争的心态，就会有更多的精力，视野也会被拓宽，就能投出变化多样的球。

如果不是经验丰富的投手，可能很难体会到这种感觉。然而，精力上的富余是绝对必要的。如果投手的心里想着"我付出了100%的力量，还是被击中的话也没办法"，那么即使投球真的被击中，也能转变自己的心态。

棒球比赛中最重要的是尽可能减少失分。如果对每一个被击中的球都心有不甘，那么便什么都无法做好了。无安打和无得分的比赛很少发生，即使在职业棒球的悠久历史中，也只有不到100场比赛。当然，虽然球被击中也是没有办法的，但重要的是不要在精神上受到影响。特别是内场和外场之间的接球判断失误导致的安打或内场安打。

赛后复盘很重要，但如果在比赛中反思，将会持续陷入困境，在精神上强迫自己不会带来好的结果。更重要的是以平常心面对危机。一方面，如果时刻牢记"绝不让跑垒员回到本垒"，那么即使有安打，投手也有缓冲的余地。另一方面，也可以体会通过牵制使跑垒员出局或双杀的乐趣。如果投手在比赛中反思一个安打，就不会产生新的想法，也无法继续进行下一个动作。

2. 投球技巧

Q1 第1个投球的注意事项有哪些？

A 即使是坏球也没关系。重要的是明确自己的想法

人们都说当考虑如何对抗击球手时，第1个投球的类型尤其重要。那么，我们具体应该怎么做？

如果投手有与击球手多次交手的经验，或者能够事先在视频中观察击球手的特点，那么就更容易选择第1个球的类型。投手可以考虑击球手的倾向再做决定，如"这名击球手在第1个投球是外角球时不经常挥棒""基本上击球手的目标是快速球"或者"这名击球手从第1个球开始就会进攻性地挥棒"。

但是，也可能存在根本没有数据的情况。在这种情况下，通过一个坏球，一边观察情况一边进攻很重要。但是，如果投手总是感到害怕而谨慎投球，就只能投出坏球，让自己陷入困境。因此，在头脑中想象什么时机用什么方式来决胜负吧，然后就能清楚地明白"我为了某些事情而投出这样的第1个球"。例如，随着比赛的进行，投手可以看出某些趋势并想象"这个击球手不会在第1个球是变化球时挥棒，那么我就用快速球来取得一个好球"或"现在是关系到胜负的情况，所以我的每个球都要投出好球"等。

147

Q2 如果被迫连续犯规应该怎么办？

A 重新审视投球节奏，如果出现四坏球的情况，就干脆让击球手去跑垒吧

当投手被击球手干扰导致连续犯规时，投手精神上的压力会越来越大。这种情况可能会使投手不自觉地慢慢进入击球手的节奏。想必很多投手在比赛中都体验过"无论什么样的球好像都会被打中"的感觉。在这种情况下，球的轨迹可能已经被看穿了，因此，最好选择不会被打出长打的投球类型。另外，如果处于四球上垒也没有问题的情况，则可以以退为进，做出"保送击球手上一垒"的妥协。

此外，当投手投出数球连续不尽如人意时，多数情况是因为投手的投球间隔和节奏变得一致。所以，投手要重新调整投法，回想谨慎、缓慢的投球场景。这样深呼吸一下，就会感觉更轻松一点。当投手陷入一种一成不变的模式时，他们可能会过于专注于"不想被击中"的想法，以至于多数情况下关注不到周围的情况。

Q3 可以让接手来打信号吗？

▼

A 按照接手的信号去投球这种想法是错误的。决定好用来分胜负的球，最少有三球是通过自己的想法去构思的

众多投手中一定有想着"把所有的投球都交给接手来判断"的人吧。当然，如果双方能够通过事先沟通和日常训练建立默契，能够清晰地了解对方的想法，是没有问题的。然而，在一场完整的比赛中，从第1个投球到第130个甚至第140个投球，完全不否定并接纳接手所有的判断来投球是极其困难的。尽管如此，还是有很多人根本不拒绝接手的指示。

如果想成为一名优秀的投手，希望你能摒弃"根据接手的指示来投球"的想法。接手可以有多种策略组合，投手也应有自己的思考方式。有时，投手不尝试一下，是没有"我这样的话就可以赢过击球手"的感觉的，也不会有任何的进步。即使失败了，只要能及时反省，就足够了。至少在紧要关头，希望投手先有自己的构思，然后将其与接手的想法结合起来。

当考虑配合投球时，首先要确定能够决定比赛走向的投球，并尝试在头脑中至少组合3种投球以实现这个目标。例如，当一名左手投手想要用内场地滚球双杀右手击球手和一垒跑垒员时，他可能会采取这个策略：先用外角直线球取得好球，再让对方误以为除此之外的球都用内角直线球，最后突然用外角的内曲线球打得对方措手不及。在这种场景下，配合投球的关键在于先让击球手注意到外角的直线球，

然后用内角球进攻，让击球手误认为"投手哪种球都有可能投出"。一旦击球手对外角球的警惕性降低，这时再投出一个看似很好击中的外角的直线球，实际上是外角的曲线球，击球手可能会想当然地认为"好简单的直线球"，并挥棒击球。

以上场景只是一种思路，它可能并不适合所有击球手，但如果用自己的想法来决出胜负，就会感受到心想事成的快乐，还可能激发投手联想出更多的投球模式。在击球手完成一次击打期间，投手想从头到尾按照自己的意愿进行比赛是相当困难的，但若有三次投球机会，成功的概率还是很高的。投球模式有很多种组合，请务必尝试一下。

Q4 完投必要的事项是什么？

A 第一次和第二次的投球不需要投好球，好球要留给后面

如果投手想投完一整场比赛，就需要掌握一种能够适应比赛流程与节奏的投球模式。例如，除了"每个球都是要决出胜负的球"的情况，如果第1个或第2个球就使用自己最擅长的球路，那么在下一次投球时就会遇到麻烦，因为没有更好的投球方式了。所以，可以理解投手"不想被击中"的心情，但重要的是要在比赛后期保留好球，并考虑如何在投出这些好球之前取得计球数。有多种方法可以做到这一点，如投出不合时宜的、容易被击中的球，或者故意投出击球手想要的球以诱导击球手犯规。

此外，如果可能的话，投手应该能够在直线球上运用不同的力量，比如80%和100%的力量，这样能够在比赛中变换投球的强度。例如，比赛初期使用80%的力量，到了中期或者后期再用100%的力量，这样，击球手就会感到困惑。

如果投手能够考虑到比赛的上半场和下半场，并将好的投球留到下半场，那么就会增加投出完整比赛的机会。再举个例子，假设有一个投手，他的指叉球技术很好。不过，上半场时他刻意以直线球为主进行进攻，并没有使用太多的指叉球。到了下半场的关键时刻，再使用指叉球作为出其不意的武器。到了下半场比赛，无论是谁，投球力量都有所下降。此外，下半场往往是决定比赛走向的重要时刻。因此，

为了确保用指叉球获胜,在上半场就要做好布局。击球手会根据上半场的进攻来判断配合投球的趋势,而这种布局就是要反其道而行之。

如果投手把自己擅长的球藏起来,自己也会想,"如果有情况的话,就用指叉球",这样,在上半场就可以有更多的精力去进攻。同样,一位掌握了多种变化球的投手,如果采取"我不会在上半场展示所有的投球"的进攻方法也是有效的。不过,如果投手状态不好,最好在上半场将所有投球方式都展示出来。这样做可以提前给击球手更多的选择,并使击球手在缩小击打的投球种类的范围时感到困惑。如果投手能这样想,就能轻松地投完整个九局。

Q5 没有速度的球也能控制比赛吗？

▼

A 130千米/时的直线球和一种变化球也可以控制比赛

观看高中棒球比赛时，经常会看到投手的投球速度不快，而且只有一种类型的变化球，却不知为何无法从他的手里得分。为什么击球手那么容易被击败？这是因为投手良好地结合了控球力和配球策略。

"如果我投出一个快速球，就不会被击中"，有这个想法的年轻投手特别多。当他们竭尽全力投出的球被击中时，很多人会反思自己的投球："下次，我要投出更快的球。"然而，这不是反思的重点。

首先，如果投手能让击球手错过击球时机或者能够控制关键危急时刻的球路，便可导致击球手难以挥动球棒。这是一种随着年龄的增长才能在某种程度上理解的感觉。

投手感受到了球速和球的威力的极限时会想："从身体上来看，我可能无法投出比现在更强、更快的球。"为此，投手会摸索一条生存之道，开始思考如何利用自己现在的能力去击败击球手。

当然，重要的是要有意识地尝试提高球的速度和力量。然而，希望投手们明白一点，即"通过控球力和配合投球来控制比赛"，而不是"因为不能投出快速或有力的球，所以就不是一名好的投手"。击球手本来就最多只有三成的命中率，如果投手知道击球手绝不会出手，那么说得极端一点，即使投得再好，球也不会被击中。

Q6 总是调整不到好的状态时应该怎么办？

▼

A 无法挥动手臂时 尝试将注意力集中在下半身

所谓的状态不佳，指的是投手无论投什么样的球，都感觉会被击中，或者无论怎么投都投不进好球区。在这种情况下，可以尝试与各种类型的对手比赛。比如自己投球时机不合的击球手、想象不到球能被击中的击球手、迄今为止对战感觉最好的击球手、不太会击出长打的击球手等。这样有助于投手恢复状态。

当然，即使是尝试投球也有可能被击中，但投手不能对一个谨慎的击球手尝试太多"花招"。更重要的是，如果投手自己的状态不佳，那么即使以同样的心态对待所有击球手并尽全力投球，也可能无法改变局面。例如，经常有投手会想："我投不出曲线球，因为我害怕被击中。"但如果他面对的是自己心理上感觉占优势的击球手，他就可以尽情地挥动手臂。这时再尝试投变化球的话，尽量在身前出球，就能够找回"手臂挥到这个程度就赢了"的感觉。重要的是获得"我恢复到了平常的投球姿势"的安全感。

此外，如果投手一直无法提升状态，接手和替补席上的选手们也会提醒他："手臂再多挥动一些。"然而，从投手的角度来看，想好好地挥动手臂却无法挥动起来，这样的提醒反而会让投手更痛苦。此外，当投手被告知要"挥动手臂"时，他可能会倾向于将注意力集中在上半身，并开始使用指尖的力量，这可能会使投球姿势变得更糟。在这种情况下,最好多注意如何使用下半身。

"手臂挥动不正确"是由于重心没有被正确地转移到前脚上。因此,尽量把前脚的步子迈开,就可以感受到重心是否充分地从轴心脚转移到前脚。这样的话,自然就能够在身前出球,投球姿势也会变得更加流畅。

3. "间隔"是什么?

投手投球越拼命越容易制造对击球手有利的"间隔"

棒球是击球手配合投手投球时机"间隔"的运动。换句话说,考虑"间隔"也是能三振出局击球手的一个重点。

我们先了解有利于击球手的"间隔"吧。投手在投手丘上越拼命,越无法注意到周围的环境,也就越不清楚自己投球的距离,以至于投球的时机在不知不觉中变得一致,球也就很容易被击球手击中。如果

投手以"1、2，再3"的规律有节奏地投球，击球手就更容易掌握正确的时机。

投手不能只是快且有节奏地投球。经常可以看到击球手在进入击球区站位之前配合场上投手动作缓慢地移动球棒以把握时机，这是为了给自己创造有利的"间隔"。如果击球手能够不考虑其他，只在正确的时机全力挥动球棒的话，那么击中球的机会就会增加。这就是不让击球手按照自己的想法挥棒的重要性。越是"想用厉害的投球去决胜负"，就越有可能陷入对击球手有利的情况，所以"尽量把握好时机"的想法很重要。

长时间持球以创造对投手有利的"间隔"。

相反，如果投手知道什么条件对击球手有利，就可以将其变为对自己有利的情况。当感觉到"刚才犯规的挥棒时机太好了""'1、2，再3'的节奏已经被掌握"时，投手要有意识地改变自己的"间隔"。

对投手有利的"间隔"需要自己创造。一个好的方法是手臂大幅度摆动，然后慢慢地放下，再向前迈一大步，给自己足够的时间来转移重心，然后慢慢地把球扔出去。精神上的放松也很重要，不要急于投球。这与正常的投球形式差别不大，但作为击球手，投球的"间隔"越长，就越会感到不耐烦。

将球长时间保持在投球准备动作上也很有效。可以进行这样的调整，例如"'1、2，再3'的节奏投过的话，那就数'1、2、3、4、5'吧"。当然，这需要遵守比赛规则，只要保持到能感觉到"击球手已经焦急了"就可以了。

还有一种方法是故意对接手的信号摇头，进行牵制并改变投球的时机。此外，在开始投球动作之前改变"间隔"也是一个好主意，例如，在接到接手的球后，稍微放慢一点速度走向投手丘。

虽然比赛的胜负就在一瞬间，但即使是轻微的时间错位也能完全改变击球手的感知。

后 记

本书介绍了作为投手的各种要点，虽然话有些重复，但我最后想说的是：必须先培养良好的投球姿势。我想投手们追求的东西有很多，比如速度、控球力、锐度等，但塑造良好的投球姿势是实现想要的投球效果的捷径，并且是发挥自己的极限能力的唯一方法。如果只是用一种让自己舒服的姿势来投球，是无法实现自己的理想的。因为有很多选手只是为了"更容易投球"这种理由，而降低手臂位置。有很好的天赋却无法充分发挥自己的能力的选手，更可能会有这种想法。

另外，我想向教练们传达一点：我希望教练们永远不要破坏棒球选手的潜力。有些教练可能根本不给予任何指导，而是认为"这个选手的控球力很好，只要用这种投球姿势就可以了"，但如果选手没有学会正确的投球方式，之后他肯定会在向上突破时面临巨大的障碍。所以我希望教练们从长远的角度去重点指导如何塑造正确的投球姿势。这样做还可以减少选手的身体损害。

此外，在培养正确的投球姿势时，不要追求立竿见影的结果。考虑到球员的未来，教练们还应该培养球员们自己纠正错误的投球姿势的能力。因为无论投手在比赛的投手丘上的状态有多么糟糕，都没有人能提供帮助，只能自己调整。

另外，我希望教练们让球员们通过比赛获得经验来成长，而不是总让可以立即成为战力的球员上场。举例来说，如果一个能投出快球的初中生进入高中，他在一年级时就会受到关注，但如果他的投球方式仅取决于他的体型和力量，那么他在三年级就会面临球速无法提升、控球力差等难题，即使能投出快球也很容易被击中。反过来说，即使球员在入学时不会投出快球，但如果他学习了正确的投球姿势，他会随着成长而增加肌肉量，就可以提高球速。我还希望教练们不要让投手单纯追求投出精彩的球，还要让他们了解投球技巧以及与击球手斗智斗勇的乐趣。

如果可能的话，投手最好由有投球经验的人指导。因为这是只有经历过的人才能理解的特有的感觉。然而，创造一个拥有足够多经验的指导员的环境是非常困难的。这就是为什么我希望大家能使用这本书来学习正确的投球姿势，认真检查每项要点，来提高投球技术。

想成为一名投手的话，发展潜力仍然巨大。我希望大家相信这一点并努力达到更高的投球水平。

摄影协助

Honda(本田)棒球队

1960年，本田技研队成立。球队总部原本位于埼玉县大和町（现和光市），2001年迁至埼玉县狭山市，队名也改为"本田"（2007年起更改了队名写法为"Honda"）。截至2011年该队已连续8年参加棒球都市对抗赛，并出场了26次，其中赢得过2次冠军（1996年和2009年）。并且出场过日本社会人业余棒球锦标赛15次（获得冠军1次）。这是一支培养出了许多日本棒球国家队代表和职业棒球选手的著名棒球队。

★模特
左起：杉木健史（击球手）、樱田裕太郎（左手投手）、佐藤达也（右手投手）、菊地一也（接手）。

藤田康夫
Yasuo Fujita

1950年11月11日出生于千叶县成东町（现山武市）。高中时作为王牌左手投手，在二年级秋季获得了县内锦标赛亚军，三年级春季获得了四强，夏季获得了八强。

于1968年的指名选手会议中，以第11名的顺序被千叶罗德海洋队选中，但拒绝了指名并进入中央大学（1969年）。

二年级秋季和四年级春季时在东都大学棒球联赛中获得冠军（还获得了最高殊荣选手、最佳投手和由记者投票选出的最佳选手）。1970年进入明治神宫棒球赛4强，1972年进入全日本大学生棒球锦标赛4强。

1972年，成为第一届日美大学生棒球赛日本国家队的代表选手并获得冠军。

1973年加入日产汽车。同年，在都市对抗赛中获得亚军。截至1980年，8年的在役期间6次上场都市对抗赛（1979年和1980年兼任教练）。

1973年代表日本国家队参加了第1届洲际杯并获得冠军。

退役后，在日产汽车担任投手教练，之后又在日产汽车九州、中央大学、大正大学担任临时教练。

清水隆一
Ryuichi Shimizu

1959年9月1日出生于东京都墨田区。

在早稻田实业高中、早稻田大学和社会人业余棒球熊谷队中担任过队长。

高三时（1977年）获得春夏甲子园锦标赛8强，青森全国运动会冠军。1982年加入熊谷队，同年至1989年连续8年上场了都市对抗赛（1986年获得了社会人最佳九名的荣誉）。1984年代表日本国家队参加了"日本对古巴"国际棒球锦标赛。

1991年12月，担任熊谷队领队。1992年，在都市对抗赛中获得亚军，1993年进入8强，但棒球队在1993年后停止了运营。

2001年6月，担任花开德荣高中总领队，并于同年夏季首次参加甲子园锦标赛。

2002年成立自己的公司。成为清水隆一训练官方代表董事，清水隆一训练学院代表董事兼社长。还曾担任日本棒球联盟竞技能力提高委员会特别成员，目前担任早稻田大学体育科学研究院兼职讲师和日本奥林匹克委员会强化成员。是《决定版棒球基础的"基"》和《良好的倾听使人进步》（均由日本棒球杂志社出版）等书的作者。还监制了许多棒球视频。